Preface

This book is designed primarily to a[...]
G.C.E. Ordinary Level examination o[...]
in line with that Board's Defined Content Syllabus. However, the nature of the work involved is such that any pupil at that level should be able to profit from it, since not only does it provide a collection of exercises involving the manipulation of linguistic structures, but it also demands an accuracy of analysis and an attention to detail which are essential if a language is to be learned adequately.

It is as well to state from the outset that these exercises are *not* comprehension tests. It is important that this be understood because, quite simply, the passages set, and the questions which accompany them, are generally too easy for an Ordinary Level comprehension test. This is intentional: the marks in such an examination as this go not for the factual correctness of the answer, but for the linguistic correctness. (Obviously marks cannot be awarded for a factually incorrect answer, but by setting passages which require a skill in reading comprehension lower than Ordinary Level standard, one ensures that the marks gained are awarded for language rather than for understanding.)

At times this may appear to be a rather artificial exercise: the authors do not, however, see this as in any way a condemnation, for in the course of preparing oneself for all manner of real-life experiences one has to use various techniques whose relevance to the ultimate activity is not immediately obvious to the uninitiated; if one's ambition is to win Wimbledon, one does not restrict one's training to a series of five-set matches. But in fact this particular exercise has a very real relevance. One of the prime uses of language is to relate our experiences to other people, or to narrate incidents or events that we have witnessed. What the passages in this book do is to provide such incidents or experiences, and the pupil (guided by the questions) is to all intents and purposes doing what he would in real life, expressing the same material in a different way by giving an account in his own words of what happened and what was said. That is why we have called the book *In Your Own Words*.

The authors wish to point out that the views expressed in this book are their own, and do not necessarily represent the views or the policy of the Associated Examining Board. They also wish to thank Mesdames Geneviève Newman and Claudie Reed for their invaluable help in the preparation of the texts.

Tony Whelpton
Daphne Jenkins
Cheltenham, 1978

How to tackle the exercises

APPROACHING THE EXERCISES

READ THE TEXT

The first thing to do before you start tackling one of these exercises is to read the passage through very carefully – and not just once. You should read it **at least three times** before starting to answer the questions, because it is unlikely, however proficient you are, that you will have noticed everything that needs to be noticed on one reading alone. You should have got the gist of the story, of course, but this exercise is a test of accuracy and attention to detail, and you cannot be too careful.

STUDY THE QUESTIONS

The next thing is to decide exactly what each question is asking, with the emphasis on the word **exactly**. Try to decide this without referring to the passage to begin with. Otherwise you may find yourself influenced by what is in the text, to the point where you answer the question you **want** to answer rather than the one which is set, and if you do that, of course, your answer will be the wrong one.

BACK TO THE TEXT

After that, you need to look at the passage again to see what information you need to give in reply to the questions set. This should not be too difficult, but you need to be very careful about the way you give that information. If you find, for instance, that you are about to copy out a sentence or more of the passage without altering it in any way, you may be sure that there is something wrong somewhere, and you need to think again. You may only need to make a slight alteration, such as changing the tense of the verb used, but there will always be a change of some kind to be made, because that is the object of the exercise.

TYPES OF QUESTION

There are not, in fact, many types of question which are likely to be asked. Basically, there are six: **what**, **why**, **when**, **who**, **how** and **where**, but of course there are a number of possible variations, and the way you deal with each particular one depends very much on the particular circumstances. It is no use assuming that you will always have to answer a certain type of question in a certain way, according to a set formula: the wording of the question or of the text may be such that you find yourself in difficulties if you try to do that, and it is better to give a straightforward answer. You do not even need to refer to the question in your answer.

POURQUOI?

If, for instance, the question is:
— *Pourquoi Madame Leblanc ne s'est-elle pas rendormie?*
there is no need to say:
— *Madame Leblanc ne s'est pas rendormie parce qu'elle attendait son mari.*
You could say:
— *C'est parce qu'elle attendait son mari.*
or: —*Parce qu'elle attendait son mari.*
or simply: —*Elle attendait son mari.*
Your best approach, in fact, is often to give the shortest answer possible, because the shortest answer is usually the most natural. What is more, the longer you make your answer, the more mistakes you are likely to make!

COMMENT?

Let us consider a further example. The question:
— *Comment est-il entré dans la maison?*
could be answered by saying:
— *En ouvrant la porte.*
Notice that you do not need to say:
— *Il est entré dans la maison en ouvrant la porte.*
though it is not of course wrong if you do.
But supposing the question is:
— *Comment savez-vous qu'il a été content en ouvrant le paquet?*
There is no way you can use the same construction (*en* + gerund) this time. If you did, you could find yourself giving an answer which would be too complicated for you to handle. The best advice is: keep it simple. So your answer should be:
— *Il a souri.*

There is, of course, a world of difference between a question which asks you how you **did** something, and one which asks you how you **know** something. Both types are common, and a question asking '*Comment savez-vous . . .*', like one beginning '*Qu'est-ce qui indique que . . .*', is drawing a conclusion from the passage, and asking you to provide the evidence to justify the conclusion drawn. These questions are usually much easier than they look, because you often only have to write a very simple sentence; the skill comes in avoiding the use of a complicated construction!

QUELLE DÉCISION?

Another type of question which can prove difficult for the unwary, but which is not really difficult, is one in which a noun is used instead of a verb, for example:
— *Quelle décision a-t-il prise?*
The thing **not** to do here is to use the construction given in the question. You need, in fact, to stop and think precisely what is being asked. This question is exactly the same as:
— *Qu'est-ce qu'il a décidé de faire?*
But that is a very easy question, because it shows you exactly what construction you need to use, i.e. *décider de*, and all you need to do is

to write *Il a décidé de* followed by the infinitive of whatever verb is appropriate. The question:
— *Quelle décision a-t-il prise?*
is therefore used so that you will have to decide for yourself what the construction should be. So your answer will be for example:
— *Il a décidé d'aller au cinéma*.
Other expressions of this kind are *quelle promesse* (use *promettre*), *quels conseils* (use *conseiller*), *quelle proposition* (use *proposer*), but there are many more, and it is in this type of question that it is important to know what construction you need with which verb, for example *permettre à quelqu'un de faire quelque chose*, etc.

INDIRECT SPEECH

A similar type of question is one where you are asked what a person said, but where you are not supposed to use his or her exact words. Sometimes, but not always, the question will include the words '*Ne donnez pas ses mots exacts*'. Alternatively, the question may include an instruction as to how your answer should begin, for example '*Qu'est-ce que Madame Marchand a dit? (Commencez: Elle a dit que . . .)*'. In these cases you will find that there is some Direct Speech in the passage (i.e. you are told the exact words the person used), and you are being asked to change this from Direct Speech to Indirect (sometimes called Reported) Speech. For instance, if in the text you read:
—*J'irai demain à la maison de ma sœur, dit Madame Marchand*.
you will need to change it to:
— *Madame Marchand a dit qu'elle irait le lendemain à la maison de sa sœur*.
There are a number of things to note here:
1. although in the text you read '*dit Madame Marchand*', you **never** use the Past Historic (= *dit*) in your answers, so you use the Perfect (*Madame Marchand a dit . . .*);

2. *je* will always become *il* or *elle*, according to the sense, because it is a question of changing the expression from the First Person (*I* or *we*) to the Third Person (*he, she, they*);

3. the tense will change, so that, for example:
   a) the Present becomes the Imperfect

b) the Future becomes the Conditional
  c) the Perfect becomes the Pluperfect;

4. words like *demain* (= tomorrow) always change in Indirect Speech. *Demain* becomes *le lendemain* (= the following day), *hier* (= yesterday) becomes *la veille* (= the previous day), etc.;

5. *ma sœur* becomes *sa sœur* like *je* becomes *elle*.

DIRECT SPEECH

You will also be called upon to perform the operation described above, in reverse, i.e. by converting from Indirect to Direct Speech. If in the passage you had read:
—*Madame Marchand dit qu'elle irait le lendemain à la maison de sa sœur.*
you might have found the question:
— *Qu'est-ce que Madame Marchand a dit à son amie? (Donnez **ses mots exacts**.)*
Your answer would then be:
— *J'irai demain à la maison de ma sœur.*
These are her exact words (**ses mots exacts**) because this is exactly what you would have heard her say if you had been there to hear. Sometimes you may find there is more than one way of expressing in Direct Speech what has been given to you as Indirect Speech: in such a case either version is acceptable. It is a good idea to get into the habit of converting your answer back into Indirect Speech, and then comparing it with the original text; if there is any way in which your version differs from the original, you then need to find out what has gone wrong, but this acts as a very useful check.

Let us consider a further example. In the passage you read:
— *Marie cria à Jean de se dépêcher: quant à elle, elle s'était déjà habillée, et elle allait sortir tout de suite.*
The question might be:
— *Quels sont **les mots exacts** que Marie a employés en criant à Jean?*
Your answer should be:
— *Dépêche-toi! Moi, je me suis déjà habillée, et je vais sortir tout de suite.*

Again there are a number of points to note:

1. you need to have noticed that what Marie said to Jean did not

end with the words *se dépêcher*; she said two further things;

2. you need not only to have recognised that the Imperative is required here, but also that since (as would have been apparent from other parts of the passage) Marie was Jean's sister, she would have called him *tu*. Then, of course, you need to be able not only to produce the Imperative in the right form, but also to put the accents in the right place. Always remember that accents, like punctuation, have a function, and they are not just optional extras which are put in for decoration!

3. *Quant à moi* would also have been acceptable here, though *Moi* on its own is probably more natural;

4. as, when converting from Direct to Indirect Speech, the Perfect Tense becomes the Pluperfect Tense, so when performing the reverse operation the Pluperfect Tense becomes the Perfect Tense. You will often find in this type of question, as here, that one of the verbs at least will be a reflexive verb: you need therefore to make sure that you know how to handle reflexive verbs, and particularly in what order to put the various parts, whether the verb is in the Present, Perfect, or any other tense, and whether it is negative or being used as a question;

5. speaking of herself Marie would obviously say *je*, and the Imperfect Tense becomes the Present Tense.

So you see that there is a great deal involved in this type of question – but not so much that if you know your grammar, especially verbs and pronouns, you cannot do it fairly easily.

EXAMPLES

Finally, here are two examples which have been done for you, with notes of explanation where it was thought necessary:

EXAMPLE I

Marcel avait déjà mis le pied sur la cinquième marche lorsque sa mère l'appela, et il dut redescendre. Elle le gronda, en lui demandant si elle ne lui avait pas dit de ranger ses affaires: est-ce qu'il pensait qu'elle n'était qu'une servante? Elle en parlerait à son père quand il serait rentré.

Marcel ne dit rien, et il fit très rapidement tout ce qu'il devait faire. Enfin, après avoir remonté l'escalier, et après s'être brossé les dents à la salle de bains, il entra dans sa chambre. Alors il se déshabilla, et regarda le livre que son grand-père lui avait donné pour son anniversaire. Il aimait beaucoup les oiseaux, et ce livre l'aiderait à identifier tous les oiseaux qu'il verrait dans les bois qui se trouvaient derrière sa maison.

—Oui, se dit-il. Demain matin je me lèverai de bonne heure, et j'irai aux bois avec mon livre.

Puis, ayant mis le réveille-matin sur six heures, il ferma les yeux, son livre toujours sur le lit, à côté de lui.

1. Que faisait Marcel quand sa mère l'a appelé?
2. Quand sa mère a grondé Marcel, qu'est-ce qu'elle lui a dit? (*Donnez ses mots exacts.*)
3. Quand Marcel avait rangé ses affaires, qu'est-ce qu'il a fait avant d'entrer dans sa chambre?
4. Quelle sorte de livre son grand-père lui avait-il donné?
5. Quelle promesse Marcel s'est-il faite avant de dormir?
6. Comment voulait-il être sûr de se réveiller de bon matin?

Answers and notes

1. Notice first of all the tense of the verb *faisait*. It is the Imperfect Tense, and therefore the question is *what was he doing?*, **not** *what did he do?*. We are not told in so many words: what we are told is *what he had just done*, i.e. he had just reached the fifth step; therefore he was on the staircase. But was he going up or coming down? The passage tells us that when his mother called, *il dut redescendre*: he must therefore have been on his way upstairs. The words you need to answer this question are not actually in the text, though something approaching them does come a few lines further on (*il remonta l'escalier*). But it should not be too difficult for you to find the expression *monter l'escalier* among the French phrases that you have learned over the years, and the tense of *faisait* shows that you need to use the Imperfect Tense. So your answer should be:

Il montait l'escalier.
(Note also that the answer is *Il montait*, not *Marcel montait*, since in French as in English, the pronoun here is more natural.)

2. This is a question where we have to convert Indirect Speech to Direct Speech, in trying to say what exactly Marcel would have heard his mother saying to him. As in the example quoted above, there are actually three elements in it, two questions and a statement, and they must all go in. Since the mother is talking to Marcel, all references to *elle* will become *je*, and *il* will become *tu*. But be careful! There is another *il* which refers not to Marcel but to his father, so that must stay as it is. *Son* must also be changed to *ton*. As far as tenses are concerned, there is a Pluperfect to become a Perfect, an Imperfect to become a Present, and two Conditionals to become Futures. So the answer should be:
'*Ne t'ai-je pas dit de ranger tes affaires? Est-ce que tu penses que je ne suis qu'une servante? J'en parlerai à ton père quand il sera rentré.*'

3. The principal feature to notice here is that there are two things that he did: he went upstairs, and he brushed his teeth, and both of these elements must go in. You obviously cannot use the *après avoir* construction that is in the text, but the question shows you what form of the verb you need (*il a fait*). A further point to remember is that although the verbs *monter* and *remonter* normally take *être* in the Perfect Tense, (i.e. *je suis monté*), if you use the expression *monter l'escalier*, the verb you need is *avoir* (i.e. *j'ai monté l'escalier*). Fortunately the text reminds you of this: take care not to ignore help of this kind! Therefore your answer should be:
Il a remonté l'escalier et il s'est brossé les dents.

4. The book in question is obviously a book about birds, but the chances are that you do not know how to say that in French. It is very important that you express your answer using the French that you know to be correct, and with a little bit of thought this should not be too difficult. One can talk of a book, for instance, '*où on parle des oiseaux*'. But be careful of the tenses, because the question uses the Pluperfect. Your answer should be:
Il lui avait donné un livre où on parlait des oiseaux.

5. This is a question of the type dealt with above, where the noun *promesse* is used in the question instead of the verb *promettre*. There is one thing to be careful of here: Marcel is making a promise **to himself**, so the verb needed will be *se promettre*, and like all reflexive verbs, it takes *être* in the Perfect Tense; apart from that it is the same as *promettre*. This is a question which involves a change from Direct to Indirect Speech, and you need to follow the guidelines on page v. When that is done, the answer is:
Il s'est promis de se lever de bonne heure le lendemain matin, et d'aller aux bois avec son livre.

6. The answer to this question is clearly 'by setting the alarm-clock for six o'clock'. You need first of all to identify *ayant mis* as coming from *mettre*, and to recognise that this is a question beginning with *comment*, and that it is appropriate to answer it by using *en* with the gerund. Make sure that you do not include any reference to '*il ferma les yeux, son livre toujours sur le lit, à côté de lui*', because that has nothing whatever to do with this question. Avoid the temptation too to put '*Il a mis le réveille-matin sur six heures*', because that is the answer to the question '*Qu'est-ce qu'il a fait pour être sûr de se réveiller de bon matin?*', which is not the question set – and you are not allowed to make up your own questions! Your answer therefore should be:
En mettant le réveille-matin sur six heures.

EXAMPLE II

Arrivé à la rue Jean-Jaurès, Robert se retourna, et vit que l'homme qui l'avait suivi depuis la gare avait disparu. Ceci l'étonna, étant donné qu'ils avaient déjà parcouru deux kilomètres, et qu'il avait été évident que cet homme ne voulait pas le perdre de vue. Il entra dans un café, s'assit, commanda une bière, et se mit à lire la lettre qu'il avait reçue la veille.

—Levez-vous, et suivez-nous sans bruit! dit une voix qu'il ne reconnaissait pas. Il leva les yeux, et vit deux hommes, dont l'un était celui qui l'avait suivi; l'autre brandissait un revolver. Il n'y avait rien à faire: lui-même, il n'était pas armé.

Une fois dans la rue, il dut monter dans une voiture, qui partit

très rapidement. La porte du café s'ouvrit aussitôt, et le garçon sortit en criant désespérément:
—Holà! Vous n'avez pas payé la bière!

1. Pourquoi Robert s'est-il retourné?
2. Quelle a été la réaction de Robert quand il a vu que l'homme ne le suivait plus?
3. A quelle distance la gare se trouvait-elle de la rue Jean-Jaurès?
4. Nommez trois actions que Robert a faites tout de suite après être entré dans le café.
5. Qu'est-ce qui s'était passé la veille?
6. Qu'est-ce que les deux hommes ont dit à Robert de faire?
7. Pourquoi le garçon de café criait-il?

Answers and notes

1. We are not told in the text why Robert turned round, only what he discovered when he did; but since he was being followed, it is fairly obvious why he turned round. In answering this question you could use *parce que* with a finite verb or *pour* with an infinitive, either would do. So your answer should be:
Parce qu'il voulait voir si l'homme était toujours là.
or *Pour voir si l'homme était toujours là.*

2. Someone's reactions may be something they do, or something they feel. In this case it is a question of feeling, and the words *Ceci l'étonna* tell you what effect the man's disappearance had on Robert, but they need to be expressed in a different way to make them match the question. There are two verbs you can use, *s'étonner* and *être étonné*, but you need to be careful with the tense: someone's reaction will always be expressed in the Perfect Tense, but if you think of the English answer 'he was astonished', you may be tempted to translate *he was* as *il était*, and you would be wrong. (Incidentally, you should never deliberately think of an English answer which you then translate, because translation from English is more difficult than answering without translating. If we have occasionally given an English answer to a question in these notes, this is only so as to explain more clearly, and does not

mean it is a practice which we recommend.) So there are two possible answers:
Il s'est étonné or *Il a été étonné.*

3. This is a straightforward question. You need simply to remember the *à* which is always used in French when expressing distance. Your answer should be:
Elle était à deux kilomètres de la rue Jean-Jaurès.

4. This again is straightforward. It is merely a question of identifying the three actions concerned and changing the tense from the Past Historic of the text to the Perfect Tense of the question. There is no need to refer to the question itself in your answer, which should be:
Il s'est assis, il a commandé une bière, et il s'est mis à lire une lettre.

5. The difficulty here, if it really can be called a difficulty, consists in avoiding using the construction of the question, and in using the correct tense, the Pluperfect. Your answer should be:
Il avait reçu une lettre.

6. This is a matter of converting from Direct to Indirect Speech, and the two major things to identify are the fact that the first verb concerned is a reflexive verb, *se lever*, and the fact that *nous* must be changed to *les*. You need also to change *à Robert* to *lui*, because otherwise your answer will seem stilted and unnatural. So your answer should be:
Ils lui ont dit de se lever et de les suivre sans bruit.

7. This again is virtually a question of changing from Direct to Indirect Speech, and there are two principal things to watch. The first is that the *vous* used by the waiter must be expressed in your answer by the name *Robert*, because to use *il* would not make the answer clear; the second is the tense of the verb *payer*: since in Direct Speech it is in the Perfect, here it will be in the Pluperfect. So the answer should be:
Robert n'avait pas payé sa bière.

Exercises

1 —Vous avez quelque chose à déclarer, monsieur?

—Non, rien du tout, répondit Monsieur Hatier, qui rentrait d'un voyage en Allemagne, où se trouvaient les bureaux principaux de la compagnie pour laquelle il travaillait.

Le douanier ne parut pas vraiment satisfait de cette réponse, et, sur sa demande, Monsieur Hatier dut ouvrir sa grande valise. Le douanier fouilla parmi les vêtements, et enfin sortit triomphalement un petit paquet.

—Qu'est-ce qu'il y a dans ce paquet?

—Je ne sais pas. Je ne l'ai jamais vu, moi. Il n'y était pas quand j'ai fait la valise.

Le douanier ouvrit le paquet, et, trouvant là-dedans une quantité de poudre blanche, il demanda à Monsieur Hatier de l'accompagner au bureau.

1. Quelle est la première chose que le douanier voulait savoir?
2. Pourquoi Monsieur Hatier était-il allé en Allemagne?
3. Qu'est-ce que le douanier a demandé à Monsieur Hatier de faire?
4. En trouvant le paquet, qu'est-ce que le douanier voulait savoir?
5. Pourquoi Monsieur Hatier a-t-il été surpris en voyant le paquet?
6. Comment le douanier a-t-il su que le paquet contenait une poudre blanche?
7. Qu'est-ce que Monsieur Hatier a dû faire à la fin?

2

Monsieur Charrier se réveilla en sursaut et se mit debout.
—Qu'y a-t-il? demanda sa femme.
—J'ai fait un beau rêve, dit-il. Imagine-toi! J'ai gagné beaucoup d'argent en pariant sur les chevaux aux courses de Longchamp!
—Mais tu ne paries jamais.
—C'est vrai, mais aujourd'hui c'est différent, dit-il, en sautant à bas du lit. Après s'être habillé à la hâte il sortit de la maison, et revint une demi-heure plus tard, le dernier numéro de *France-Turf* à la main.
—Ça y est. J'ai trouvé! dit-il. *Chou-Fleur* va gagner le Prix de l'Etoile.
Cet après-midi-là il écouta les résultats des courses à la radio en retenant son souffle.
—Prix de l'Etoile à Longchamp, entendit-il. Premier: *Cœur Royal*; deuxième: *Chou-Fleur*.
—Mais c'est impossible! s'écria Monsieur Charrier.
—Mais non! dit sa femme en riant. A l'avenir je te conseille d'oublier tes rêves aussi vite que possible.

1. Qu'est-ce que Monsieur Charrier avait fait dans son rêve?
2. Pourquoi sa femme a-t-elle été étonnée de savoir ceci?
3. Qui était *Chou-Fleur*?
4. Où Monsieur Charrier avait-il trouvé le nom de *Chou-Fleur*?
5. Qu'est-ce qui indique l'émotion de Monsieur Charrier en écoutant la radio?
6. Comment savez-vous que Madame Charrier n'était pas triste en entendant le résultat de la course?
7. Quel conseil a-t-elle donné à son mari?

3   —Oh, mon Dieu! Ce bruit est insupportable! dit Madame Gautier à son mari. Ça fait quatre heures qu'on ne peut plus s'entendre parler! Mais qu'est-ce qu'on fait là-bas?

—On construit une nouvelle route, chérie. Tu savais bien qu'on devait le faire.

—Mais oui. Mais je ne savais pas que ce serait comme ça. Tu crois qu'ils auront terminé dès ce soir?

—Tu rigoles, non? On en a pour au moins huit semaines.

—Huit semaines? Mais pourquoi ne nous a-t-on pas prévenus?

—Mais chérie, on a bien reçu une lettre où on nous explique tout ce qu'on fait.

—Tu veux dire ce papier qu'on nous a donné dans la rue jeudi dernier?

—Oui, c'est ça. Tu ne l'as donc pas lu?

—Je ne lis jamais ce qu'on me donne dans la rue.

1. De quoi Madame Gautier se plaignait-elle?
2. Depuis combien de temps travaillait-on?
3. Qu'est-ce qu'on faisait dans la rue?
4. Combien de temps les travaux devaient-ils durer?
5. Comment avait-on expliqué aux Gautier ce qu'on allait faire?
6. Comment les Gautier ont-ils reçu ce papier?
7. Pourquoi Madame Gautier ne l'avait-elle pas lu?

4 Didier rêvait depuis des mois d'aller à la pêche. Il venait de fêter ses douze ans, et une belle canne à pêche, cadeau de son oncle, attendait dans un coin de sa chambre.

Le garçon fut donc tout heureux, un beau jour en octobre, quand son père lui dit qu'il allait l'emmener pêcher au bord de la rivière. Didier sortit tout de suite dans le jardin, trouva quelques vers, et les plaça dans une vieille boîte, avant de monter dans la voiture avec son père.

Quelques heures plus tard Monsieur Legros démêlait pour la dixième fois la ligne de Didier, enroulée autour des hautes herbes de la berge. Didier, les pieds mouillés et les mains sales, regardait le filet vide en disant:

—Quel passe-temps merveilleux! Je serai pêcheur toute ma vie!

1. Quel âge avait Didier?
2. Pourquoi est-ce qu'il y avait une canne à pêche dans sa chambre?
3. Quelles sont les trois premières choses que Didier a faites après avoir appris qu'il allait à la pêche?
4. Comment savez-vous que Didier n'a pas attrapé de poissons?
5. Qu'est-ce que Didier a dit qui indique qu'il aimait beaucoup la pêche? (*Commencez*: Il a dit qu'il . . .)

5 Le trois septembre 1902, tout le monde fut choqué d'apprendre que, trois jours auparavant, le grand paquebot *Calédonie* avait été perdu au milieu de l'Atlantique. Il avait quitté Cherbourg le vingt-quatre août, et devait arriver à New-York huit jours plus tard. Quand il n'y arriva pas, on commença évidemment à s'en inquiéter, mais on ne pouvait pas faire grand-chose parce que, à cette époque-là, la radio n'avait pas été inventée – les avions non plus – et ce fut par pur hasard qu'un autre bateau trouva, en pleine mer, les débris du *Calédonie*. On essaya longtemps de découvrir les causes de ce désastre, mais en vain. D'ailleurs on ne trouva jamais aucun survivant, et pourtant deux cent cinquante personnes avaient été à bord.

1. Que faisait le *Calédonie* quand il a disparu?
2. A quelle date le *Calédonie* a-t-il été perdu?
3. Pourquoi a-t-on commencé à s'inquiéter?
4. Pourquoi n'a-t-on pas utilisé des avions pour chercher le *Calédonie*?
5. Comment a-t-on su que le *Calédonie* avait été perdu?
6. Qu'est-ce qui a causé ce désastre?
7. Les passagers, qu'est-ce qu'ils sont devenus, pensez-vous?

6   —Est-ce que la robe verte vous plaît, madame? demanda la vendeuse, qui s'appelait Christiane.

—Non, elle ne me va pas bien. Je préfère les tissus plus légers. Montrez-moi des robes en coton, répondit la dame.

—Bien sûr, madame, dit Christiane poliment, mais elle ne put pas s'empêcher de pousser un soupir. Il était cinq heures du soir – encore une heure de travail! – et elle servait depuis neuf heures du matin des clientes qui étaient parfois bien difficiles. Elles ne savaient pas, elles, que, son mari étant gravement malade, Christiane n'avait pas fermé l'œil de la nuit.

—Si Jacques va mieux ce soir, je ferai la grasse matinée demain, se dit Christiane, et après le déjeuner, les enfants et moi, nous irons à l'hôpital. Jacques aime bien les fruits et je pourrai peut-être en acheter en rentrant ce soir.

1. Pour quelles raisons la dame ne voulait-elle pas la robe verte?
2. Quel signe Christiane a-t-elle donné de sa fatigue?
3. A quelle heure quitterait-elle le magasin?
4. Pourquoi n'avait-elle pas bien dormi la veille?
5. Qu'est-ce qu'elle ferait le lendemain après-midi?
6. Qu'est-ce qu'elle allait faire des fruits qu'elle devait acheter?

7 —Attention au départ! cria le chef de train.
Les portières claquèrent, et le rapide quitta la gare.

—Trois bonnes heures de repos, pensait Gérard, en s'allongeant sur la banquette, heureux d'être tout seul.

Cinq minutes plus tard il était déjà endormi dans la chaleur du compartiment quand une bouffée d'air frais le réveilla. Un monsieur se tenait devant lui, deux grosses valises à la main.

—Pardon, monsieur, dit-il, les places numéros sept à onze sont réservées pour ma famille.

Gérard n'eut guère le temps de se lever avant l'entrée précipitée de quatre enfants excités.

—Moi, je veux me mettre au coin, dit un garçon.

—Mais moi aussi, j'aime être près de la fenêtre. Tu choisis toujours la meilleure place! répondit sa sœur.

Gérard soupira, et sortit dans le couloir en prenant un paquet de cigarettes dans sa poche.

1. Après le cri du chef de train, quel bruit a-t-on entendu?
2. Comment Gérard espérait-il passer le voyage?
3. Pourquoi Gérard a-t-il pu s'endormir si facilement?
4. Pourquoi Gérard n'a-t-il pas pu rester allongé sur la banquette?
5. Pour quelle raison le monsieur avait-il choisi ce compartiment?
6. Comment savez-vous que Gérard n'était pas content?
7. Qu'est-ce qu'il allait faire dans le couloir?

8 Si vous aviez été à Paris en 1758, vous auriez peut-être entendu cette conversation étrange entre deux hommes: un certain Monsieur Ribart, inventeur, et un ministre du Roi. Monsieur Ribart, enthousiasmé, expliquait ses projets de construire un monument pour célébrer les victoires du Roi.

—Mais Monsieur Ribart, répondit le ministre. Nous nous battons contre l'Angleterre au Canada, aux Indes, et même près de nos côtes, et pour l'instant nous n'avons pas eu beaucoup de victoires à célébrer.

—Mais Monsieur le ministre, la France ne perdra pas cette guerre, et il faudra marquer son triomphe d'une façon éclatante!

—Alors, expliquez-moi ce que vous avez en tête.

—C'est un monument gigantesque.

—Une statue du Roi?

—Non, d'un éléphant. Je vais le placer en face d'un des palais du Roi – aux Champs-Elysées, par exemple, sur la colline.

—Un éléphant? Quelle idée!

—N'est-ce pas? Bien sûr, on pourra entrer dans la bête. Il y aura d'énormes salles – on pourra y donner des concerts, et il y aura un restaurant. Ce sera incroyable.

—En effet!

Mais le projet de Monsieur Ribart ne fut jamais réalisé, et à l'endroit qu'il avait choisi pour son éléphant on voit maintenant – l'Arc de Triomphe de l'Etoile!

1. A quel siècle cette conversation a-t-elle eu lieu?
2. Quel était le métier de Monsieur Ribart?
3. Comment savez-vous que la guerre marchait mal pour la France?
4. Quelle explication le ministre a-t-il demandée à Monsieur Ribart?
5. Comment Monsieur Ribart voulait-il célébrer les victoires du Roi?
6. Si on entrait dans cet éléphant, qu'est-ce qu'on ferait?
7. Qu'est-ce qu'on a fait plus tard à l'endroit choisi par Monsieur Ribart?

9 Après avoir fait ses courses en ville ce samedi matin, Madame Carré se rappela la lettre dans sa poche qu'elle avait écrite la veille au soir.

—Si je ne vais pas à la Poste acheter un timbre, ma fille croira que je l'ai oubliée, se dit-elle. Je dois me dépêcher, car la Poste ferme à midi.

Il y avait beaucoup de monde dans le bureau de poste, mais Madame Carré attendit patiemment dans la queue qui s'était formée devant un des guichets. Elle pensait à sa fille, étudiante à l'Université de Grenoble depuis un an, et à son mari qui attendait son déjeuner à la maison. Au bout de dix minutes elle arriva devant le guichet et demanda son timbre.

—Je regrette, madame, dit l'employé. Pour les timbres il faut aller au guichet numéro trois.

La pauvre Madame Carré dut refaire la queue pendant dix minutes encore devant le guichet numéro trois, et elle finit par sortir du bureau juste avant la fermeture.

1. Pourquoi Madame Carré était-elle allée en ville?
2. Quel jour de la semaine avait-elle écrit sa lettre?
3. Pour quelle raison voulait-elle envoyer sa lettre ce jour-là?
4. Que faisait sa fille à Grenoble?
5. Pourquoi Madame Carré a-t-elle dû refaire la queue devant un autre guichet?
6. A quelle heure à peu près a-t-elle quitté la Poste?

10 Pendant les vacances scolaires Madame Courbon demanda à sa fille Marie-France si elle voudrait passer une journée au jardin zoologique. Marie-France répondit qu'elle serait ravie d'y aller, et demanda si deux de ses amies pourraient l'accompagner.

Le lendemain matin Madame Courbon et les trois filles allèrent donc au zoo. Après quelque temps, à cause de la chaleur, Madame Courbon alla prendre quelque chose à boire, laissant les enfants près du bassin des pingouins, dont elles regardaient les activités avec un vif intérêt.

Tandis qu'elles rentraient, en voiture, à la maison, Madame Courbon fut surprise de constater que les enfants ne parlaient pas:

—Mais c'est sans doute la fatigue, se dit-elle.

Une fois à la maison les enfants disparurent tout de suite, et Madame Courbon se mit à préparer le repas du soir. Mais soudain elle entendit des cris qui semblaient venir de la salle de bains. Elle y alla voir ce qui se passait. Là, elle trouva les trois filles, et, dans la baignoire, un petit pingouin!

1. Qui était Madame Courbon?
2. Quelle réponse Marie-France a-t-elle donnée à l'invitation de sa mère? (*Donnez ses mots exacts.*)
3. Quel temps faisait-il?
4. Pendant que Madame Courbon prenait quelque chose à boire, qu'est-ce que les enfants ont fait?
5. Selon Madame Courbon, pourquoi les enfants ne parlaient-elles pas?
6. Pourquoi Madame Courbon voulait-elle voir ce qui se passait dans la salle de bains?
7. Pourquoi a-t-elle dû s'étonner en entrant dans la salle de bains?

11 —Maman, est-ce que tu me permets d'aller chez Marcel ce soir? demanda Véronique. Il vient d'acheter un disque formidable. Je crois que tu connais Alain Stivell. Eh bien, c'est son tout dernier disque.

—Oui, je le connais. C'est le chanteur breton qu'on entend souvent à la radio, dit Madame Darrieu. Tu peux y aller si tu veux, pourvu que tu fasses d'abord tes devoirs et que tu rentres avant dix heures. N'oublie pas que tu dois te lever de bonne heure demain matin.

—Je ne l'oublierai pas, dit Véronique. Il n'est que huit heures, et j'ai presque fini mes devoirs.

Elle monta donc dans sa chambre, et une demi-heure plus tard elle quitta la maison pour aller chez Marcel, qui habitait en face. Elle y retrouva plusieurs camarades, et ils s'amusèrent bien pendant une heure en bavardant et en écoutant le nouveau disque.

1. Qu'est-ce que Véronique a demandé à sa mère? (*Commencez*: Elle lui a demandé si . . .)
2. Pourquoi voulait-elle aller chez Marcel?
3. Comment sa mère connaissait-elle Alain Stivell?
4. Pourquoi Véronique devait-elle rentrer avant dix heures?
5. A quelle heure est-elle allée chez Marcel?
6. Qu'est-ce que les jeunes gens ont fait pour s'amuser?

12 Celle-ci est une histoire véritable, mais il ne faut pas croire tout de même que la police française agit toujours de cette façon.

Un ouvrier, né au Maroc, mais étant venu en France quelques années auparavant, entra, par un beau jour d'été, dans un café, dans la ville de Mantes-la-Jolie. Ayant reçu du garçon la bière qu'il avait commandée, il paya la consommation, qui devait coûter deux francs, en fournissant un billet de dix francs. Puis, ayant envie de partir, il appela le garçon:

—Voulez-vous me rendre la monnaie de mes dix francs, s'il vous plaît?

—Vous ne m'avez pas donné dix francs!

—Mais si! insista l'ouvrier.

Le garçon appela un agent de police qui passait devant le café à ce moment-là, et malgré les protestations d'un autre client, qui avait tout vu, l'ouvrier fut emmené par la police, et dut passer une nuit au commissariat – et il n'obtint jamais sa monnaie!

1. Pourquoi l'ouvrier marocain est-il entré dans le café?
2. Pourquoi a-t-il donné de l'argent au garçon?
3. Qu'est-ce qu'il a demandé au garçon de faire? (*Ne donnez pas ses mots exacts.*)
4. Pourquoi voulait-il de la monnaie?
5. Pourquoi l'ouvrier a-t-il dû insister?
6. Quelle a été la réaction de l'autre client?
7. Qu'est-ce que l'agent de police a fait de l'ouvrier?

13 Géraldine ouvrit les yeux en bâillant. Elle n'avait pas très bien dormi cette nuit-là à cause de la pluie qui avait battu contre les carreaux de sa chambre. Il n'était que six heures du matin, mais elle se leva et entra dans la salle de bains pour se laver. Après s'être habillée elle descendit sur la pointe des pieds pour ne pas réveiller ses parents, et elle sortit en fermant doucement la porte.

Elle respira avec joie l'air pur et frais du matin. Tout sentait si bon après la pluie et un soleil faible commençait déjà à chauffer la terre humide. En se promenant dans les champs Géraldine admira la campagne belle et verte du mois de juin et se disait qu'il était bien agréable d'être sortie à cette heure matinale. Elle en arriva même à oublier la journée de travail qui l'attendait, et quand elle rentra à sept heures pour le petit déjeuner elle était toute souriante.

1. Quel temps avait-il fait cette nuit-là?
2. Qu'est-ce que Géraldine a fait dans la salle de bains?
3. Qu'est-ce qu'elle a fait immédiatement avant de descendre?
4. Qu'est-ce qui montre sa considération pour ses parents?
5. En quelle saison de l'année cette histoire s'est-elle passée?
6. Qu'est-ce que Géraldine faisait quand elle a admiré la campagne?
7. Comment Géraldine devait-elle passer le reste de cette journée?
8. Qu'est-ce qu'elle a fait pour montrer son bonheur en rentrant?

14   —Quelle vie! soupira Monsieur Legros en raccrochant l'appareil. Encore un voyage d'affaires en Allemagne. Il me faudra annuler les rendez-vous que j'ai déjà pris pour demain.

Il appela donc sa secrétaire et lui dit:

—Je pars à deux heures pour Bonn. Téléphonez à Monsieur Boileau et demandez-lui s'il pourra venir me voir jeudi.

Sa secrétaire lui rappela que son courrier l'attendait, et qu'il avait des lettres à dicter. Après s'être occupé de tout cela Monsieur Legros rentra chez lui pour faire sa valise.

Quatre heures plus tard il visitait une usine de caoutchouc à Bonn avant de dîner dans un bon restaurant avec ses clients allemands. Le lendemain, après des discussions très intéressantes, il revint en France, fort satisfait de son voyage.

1. Comment Monsieur Legros a-t-il appris qu'il devait partir en Allemagne?
2. Qu'est-ce qui indique qu'il n'avait pas su auparavant qu'il devait partir?
3. Quelles instructions a-t-il données à sa secrétaire?
4. Qu'est-ce qu'elle lui a répondu? (*Donnez ses mots exacts.*)
5. Pourquoi a-t-il dû être satisfait de son voyage?

15 Ayant mis sa lettre à la boîte Eric allait sortir du bureau de poste quand Brigitte entra.

—Ça va bien? Tu as fait des progrès? demanda-t-il.

—Bien sûr. Ça fait trois jours que je suis ici, et j'ai pris une leçon deux fois par jour. Je ne me suis pas cassé les jambes, bien que je sois tombée assez souvent dans la neige, et le moniteur m'a dit que je pourrai bientôt quitter la piste des débutants.

—Et l'après-ski? C'est agréable?

—Oh oui, c'est formidable. Je vais danser presque tous les soirs après dîner, ou, si je suis fatiguée je vais causer dans le salon de l'hôtel, d'où on a une vue magnifique de la montagne.

—Alors, cette station de ski te plaît beaucoup?

—Mais oui. Je vais la recommander à tous mes amis, et je reviendrai certainement à Pâques.

1. Pourquoi Eric était-il venu au bureau de poste?
2. Où Brigitte passait-elle ses vacances?
3. Combien de leçons de ski avait-elle prises pendant ses vacances?
4. Qu'est-ce qui indique qu'elle n'était pas encore une très bonne skieuse?
5. Qu'est-ce qu'elle a fait pour s'amuser le soir?
6. Comment savez-vous que Brigitte aimait cette station de ski?

16 Avez-vous jamais essayé de vous habiller dans l'obscurité? C'est une activité qui comporte certains risques, comme cette histoire va vous le démontrer.

Quand j'étais un jeune professeur, je me réveillai un matin pour voir qu'il était déjà huit heures, et je devais partir à huit heures et quart pour aller au lycée. Il faudrait donc me dépêcher. Ma femme était toujours endormie, ainsi que – chose étonnante! – notre petite fille d'un peu moins d'un an, qui se réveillait normalement vers six heures. Je résolus de ne pas éveiller ma femme; je fis donc ma toilette et pris mon café en silence. Mes vêtements cependant étaient toujours dans la chambre, et je devais donc m'habiller sans allumer la lumière, ce que je fis non sans difficulté, parce que, la veille, j'avais mis mes chaussures sous le lit. Je sortis enfin, heureux de pouvoir laisser dormir ma petite famille. Mais au premier cours du matin les élèves ne tardèrent pas à s'écrier:

—Monsieur! Regardez vos souliers!

Je baissai les yeux et aperçus avec horreur un soulier brun et un soulier noir!

1. Quelle question l'auteur vous pose-t-il? (*Commencez*: Il me demande si . . .)
2. Quand il s'est réveillé pourquoi fallait-il se dépêcher?
3. Qu'est-ce qui a causé l'étonnement de l'auteur?
4. Quelle décision a-t-il faite en se levant?
5. Nommez trois actions qu'il a faites avant de sortir.
6. Qu'est-ce qu'il avait fait de ses chaussures la veille?
7. Qu'est-ce que les élèves lui ont demandé de faire?

17 —Bonsoir, Marguerite. Qu'est-ce qu'il y a à manger ce soir? J'ai très faim, dit Monsieur Dubois en entrant dans la maison. La réunion du Conseil d'Administration a duré si longtemps que je n'ai pas eu le temps de déjeuner aujourd'hui.

—Bonsoir, mon chéri. Ce soir nous allons manger des côtelettes de porc et des haricots verts.

—Te voilà, papa! cria Daniel en descendant l'escalier quatre à quatre. Tu es dix minutes en retard. Tu arrives généralement à sept heures cinq.

—Va te laver les mains, Daniel, dit sa mère, puis tu pourras te mettre à table.

—Alors, Marguerite, dit Monsieur Dubois, nous allons fêter une bonne nouvelle. Aujourd'hui on m'a nommé Directeur Général de la Compagnie.

—Directeur Général de la Compagnie! Mais c'est formidable! dit sa femme. Félicitations, mon chéri! J'en suis ravie!

—Moi aussi, dit Daniel, en battant des mains. Est-ce que tu auras une voiture neuve?

—Peut-être, mais je ferai encore plus de voyages d'affaires, et je rentrerai souvent tard.

—Oh papa! dit Daniel. Je n'aime pas attendre pour dîner.

—Noblesse oblige, répondit son père en souriant.

1. Qu'est-ce que Monsieur Dubois a voulu savoir en rentrant ce soir-là?
2. Pourquoi avait-il faim?
3. A quelle heure est-il rentré?
4. Qu'est-ce que la mère de Daniel lui a dit de faire avant de se mettre à table?
5. Quelle bonne nouvelle Monsieur Dubois a-t-il annoncée à sa femme?
6. Qu'est-ce que Daniel a fait pour montrer son plaisir?
7. Quels désavantages la promotion de Monsieur Dubois apporterait-elle?

18

—Bonjour, monsieur. Votre nom, s'il vous plaît?
—Bonjour, docteur. Je m'appelle Martin, Henri Martin.
—Bien. Alors, Monsieur Martin, qu'est-ce que vous avez?
—J'ai mal à la gorge, docteur, et je ne peux pas m'arrêter de tousser.

Et ce disant, comme s'il devait prouver la vérité de ce qu'il disait, Monsieur Martin toussa très fort. Le médecin lui ordonna d'enlever sa chemise, et, prenant son stéthoscope, il ausculta la poitrine du pauvre Monsieur Martin. Puis il regarda dans sa bouche à l'aide d'une petite lampe électrique.

—Oui, je vois. Alors vous pouvez vous rhabiller.
—C'est grave, docteur?
—Mais non, mais il vaut mieux ne pas travailler cette semaine. Je vais vous donner des comprimés à prendre, et vous feriez bien de garder le lit pendant deux jours.
—Merci, docteur. De toute façon je suis en vacances cette semaine, donc je ne travaillerai pas. Mais c'est embêtant tout de même d'être malade pendant les vacances, n'est-ce pas?

1. Qu'est-ce que le médecin a demandé à Monsieur Martin quand il est entré? (*Ne donnez pas ses mots exacts.*)
2. Monsieur Martin, qu'est-ce qu'il avait?
3. Nommez deux choses que Monsieur Martin a dû faire pour permettre au médecin de l'examiner.
4. Monsieur Martin, qu'est-ce qu'il devrait faire en rentrant?
5. Pourquoi Monsieur Martin n'était-il pas content?

19 Le champ devant l'église était décoré de petits drapeaux de toutes les couleurs pour inviter tout le monde à la kermesse du village flamand. Tous les villageois ayant donné ce qu'ils pouvaient, les marchandises s'empilaient sur les étalages, depuis les gâteaux et les bonbons jusqu'aux jouets et aux vieux vêtements.

Madame Simon, bonne paysanne des environs du village, arriva à la fête en s'épongeant le front, suivie de ses cinq enfants, tous fatigués après la marche de quatre kilomètres. Elle remplit vite son grand panier de provisions achetées bon marché, puis elle mit assez longtemps à choisir des vêtements qui n'étaient pas trop usés.

Ce soir-là, à la maison, un des garçons de la famille qui venait d'essayer un pantalon rayé acheté par sa mère, mit la main dans la poche et en retira deux billets de banque.

—Tiens! dit-il. Quelqu'un m'a fait cadeau de vingt francs!

1. Qu'est-ce qu'ils avaient fait pour encourager les villageois à venir à la fête?
2. D'où venaient les marchandises qu'on vendait?
3. Comment Madame Simon et les enfants étaient-ils arrivés à la fête?
4. Où habitaient-ils exactement?
5. Pourquoi la paysanne a-t-elle acheté beaucoup de provisions?
6. Comment le garçon a-t-il trouvé les vingt francs?

20 C'est à l'université que je commençai ma carrière de chanteur d'opéra. A vrai dire, je ne chantais pas très bien, mais à ce moment-là j'avais une petite amie qui adorait la musique, et pour lui plaire j'acceptai un rôle – un petit rôle, sans importance – dans l'opéra *Fidelio* de Beethoven. Mon amie en fut ravie – jusqu'au soir de la représentation du spectacle. Il y a dans cet opéra un moment très solennel, où on est en train de libérer des prisonniers; moi, j'étais un prisonnier, et je portais à la main une grosse chaîne. Malheureusement j'ai toujours été maladroit, et je laissai tomber cette chaîne sur la scène – les spectateurs rirent aux éclats. Ma petite amie ne voulut plus me parler, et ainsi se termina ma carrière de chanteur d'opéra!

1. Pourquoi le narrateur n'a-t-il pris qu'un petit rôle?
2. Pour quelle raison a-t-il accepté un rôle?
3. Quel rôle jouait-il?
4. Quelle faute a-t-il commise?
5. Quelle a été la réaction des spectateurs?
6. Quelle a été la réaction de sa petite amie?

21 Monsieur Fromentin trouvait le voyage bien long.

—Si le client à Lyon ne me passe pas la commande mon patron sera mécontent de moi, se disait-il, quand le monsieur assis au coin du compartiment lui demanda tout à coup s'il était né à Lyon.

—Non, monsieur, répondit-il. Je suis Parisien, et je fais un voyage d'affaires à Lyon.

—Moi, je suis Lyonnais, dit l'autre, et je reviens d'une visite chez ma sœur à Paris.

Les deux hommes se mirent à parler de choses et d'autres, et quand le train arriva à Lyon, Monsieur Fromentin était de fort bonne humeur. Il ne se faisait plus de soucis, et il descendit du train en invitant son nouvel ami à prendre un verre avec lui avant de rentrer à la maison.

1. Comment Monsieur Fromentin voyageait-il?
2. Pourquoi allait-il à Lyon?
3. Dans quelles circonstances le patron de Monsieur Fromentin serait-il mécontent de lui?
4. Quelle question le monsieur assis dans le coin a-t-il posée? (*Donnez ses mots exacts*.)
5. Pourquoi le Lyonnais était-il allé à Paris?
6. Comment les deux hommes ont-ils passé le reste du voyage?
7. Comment savez-vous que Monsieur Fromentin ne voulait pas quitter tout de suite son nouvel ami?

22 Gérard souriait quand la voiture s'engagea dans la rue Trudeau, au fond de laquelle se trouvait sa maison: c'était si bon de rentrer après une semaine passée à travailler à Paris. Mais quand il s'arrêta dans la cour, il fut surpris de constater, à travers les fenêtres, que la porte du salon était ouverte, et il était presque certain qu'il l'avait fermée avant de partir.

Il sourit encore: c'était probablement que sa fiancée était venue vérifier que tout allait bien, et dans ce cas elle aurait laissé un petit mot sur la table de la cuisine, mais, quand il y entra – aucun billet! Il entra enfin dans le salon: il lui semblait que quelque chose y manquait, mais qu'est-ce que c'était? Puis soudain:

—Oh, mon Dieu! Quelle horreur! Où est mon poste de télévision?

Il appela donc la police, mais on ne retrouva jamais les voleurs.

1. Où se trouvait la maison de Gérard exactement?
2. Pourquoi s'était-il absenté?
3. Comment a-t-il pu savoir que la porte du salon était ouverte?
4. Qu'est-ce qu'il avait fait, pensait-il, avant de quitter la maison?
5. Comment a-t-il su que sa fiancée n'était pas venue?
6. Pourquoi a-t-il été horrifié en entrant dans le salon?
7. Qu'est-ce qui indique que la police n'a pas eu de succès?

23 Stéphane était un garçon très sérieux, et il avait écouté attentivement son professeur quand il avait expliqué aux jeunes Français les coutumes bizarres des Anglais. Il s'était même étonné un peu de savoir que les Anglais mangeaient des sauces sucrées avec la viande qu'on faisait toujours bouillir.

Le lendemain de son arrivée en Angleterre il reconnut tout de suite les paquets de cornflakes sur la table du petit déjeuner. Tout comme ses petits amis anglais il remplit son bol de cornflakes, et il était sur le point de les manger quand on lui offrit le pot de lait.

—Mais on ne met pas de lait sur les cornflakes! dit-il à David.

—Mais si! répondit le garçon anglais.

A midi un bon poulet doré apparut sur la table du déjeuner, et Stéphane, un peu inquiet, demanda si Madame avait bien fait bouillir l'oiseau.

—Mais non! répondit-elle. Je l'ai fait rôtir au four.

Stéphane ouvrit de grands yeux et se demanda si la mode de vie avait beaucoup changé en Angleterre depuis la dernière visite de son professeur d'anglais.

1. Pourquoi Stéphane croyait-il que les Anglais avaient des coutumes bizarres?
2. D'après son professeur, comment les Anglais préparaient-ils toujours leur viande?
3. Depuis combien de temps Stéphane était-il en Angleterre?
4. Pourquoi Stéphane n'a-t-il pas mangé tout de suite ses cornflakes?
5. Comment Madame a-t-elle encore étonné Stéphane au déjeuner?
6. De quelle façon Stéphane a-t-il montré son étonnement?

—L'eau est bonne aujourd'hui, cria François en faisant un crawl vigoureux. C'est dommage que Papa n'entre pas dans l'eau.

—Mais tu sais bien qu'il vaut mieux ne pas se baigner quand on est enrhumé, dit Madame Mazot, et Papa aime nous regarder de sa chaise au bord de la piscine.

Madame Mazot portait dans ses bras le petit Luc, son fils, qui n'avait que trois ans, et s'amusait avec lui, mais, ayant envie de nager, elle demanda à son mari de surveiller Luc. Elle leur tourna le dos et Luc, assis au bord de la piscine, les jambes dans l'eau, la regarda partir à la brasse.

Tout d'un coup Monsieur Mazot se leva d'un bond, sauta dans l'eau tout vêtu, et en ressortit avec Luc, qui était tombé dans la piscine. Quand Madame Mazot revint vers eux elle vit Luc assis sur les genoux de son père, un sourire aux lèvres, et elle ne remarqua pas que son pauvre mari, trempé, grelottait de froid.

1. Pourquoi Monsieur Mazot ne se baignait-il pas ce jour-là?
2. Pourquoi était-il venue à la piscine?
3. Pourquoi Madame Mazot n'a-t-elle pas vu son fils tomber à l'eau?
4. Qu'est-ce que Monsieur Mazot a fait pour sauver Luc?
5. Pourquoi grelottait-il de froid?
6. Comment savez-vous que Luc n'avait pas souffert de sa chute dans l'eau?

25 Monsieur Troutaud avait décidé d'acheter une nouvelle voiture, la sienne, qu'il avait depuis dix ans, étant en mauvais état. Il consulta donc toutes les brochures, mais il eut du mal à prendre une décision – sauf qu'il ne voulait surtout pas une voiture étrangère, trouvant les prix de celles-ci trop élevés. Sa femme lui dit que leur voisin, Monsieur Michel, voulait vendre sa voiture, qui n'avait que deux ans, et qui était vraiment belle. Pourquoi donc ne pas acheter celle-là?

—Non, répondit Monsieur Troutaud. J'ai toujours acheté des voitures neuves, moi. Cela vaut mieux.

Il en parla donc à tous ses amis, en espérant profiter de leurs opinions, mais quelques-uns lui conseillaient d'acheter une Renault, d'autres une Citroën, et ainsi de suite – ils n'étaient pas du tout d'accord.

Enfin sa femme regarda elle-même les brochures.

—Voilà, dit-elle. C'est cette voiture-là que nous allons acheter – la Renault. Je n'aime pas la couleur des autres, mais la couleur de celle-là, ça me plaît beaucoup.

1. Quel âge avait la voiture de Monsieur Troutaud?
2. Pourquoi Monsieur Troutaud voulait-il une voiture française?
3. Quelle proposition sa femme lui a-t-elle faite?
4. Qui était Monsieur Michel?
5. Pourquoi Monsieur Troutaud n'a-t-il pas accepté la proposition de sa femme?
6. Comment a-t-il essayé de résoudre son problème?
7. Pour quelle raison Madame Troutaud a-t-elle choisi la Renault?

26 Il était cinq heures de l'après-midi et toute la famille Thompson se baignait dans la mer pour la dernière fois avant de repartir pour leur terrain de camping à sept kilomètres de Carnac. Ils s'amusaient bien à plonger sous les vagues.

En sortant de l'eau Monsieur Thompson chercha les clefs de la voiture dans la poche de son slip de bain.

—Mon Dieu! s'écria-t-il. Elles n'y sont plus! Qu'allons-nous faire puisque les autres clefs sont enfermées dans la voiture?

Madame Thompson, qui parlait mieux le français que son mari, se rhabilla vite et se rendit tout de suite au Syndicat d'Initiative pour demander où se trouvait le garage le plus proche. Quel soulagement pour Monsieur Thompson de la voir arriver une demi-heure plus tard avec un mécanicien qui réussit à ouvrir la portière de la voiture en se servant d'un outil spécial!

1. Pourquoi la famille n'était-elle pas venue à la plage à pied?
2. Qu'est-ce qu'ils avaient fait plusieurs fois ce jour-là?
3. Comment se sont-ils amusés dans la mer?
4. De quoi Monsieur Thompson s'est-il aperçu en sortant de l'eau?
5. Pourquoi n'est-il pas parti lui-même au garage?
6. Qu'est-ce que Madame Thompson a fait avant de partir?
7. Quelle a été la réaction de Monsieur Thompson à l'arrivée de sa femme avec le mécanicien?
8. Qu'est-ce que le mécanicien a fait pour eux?

27 Le vol AF 805 en direction de Tel-Aviv était parti de l'Aéroport Charles de Gaulle à 14 heures, heure française. L'avion d'Air France, avec plus de trois cents passagers à bord, passait au-dessus des Alpes lorsqu'une des hôtesses entendit le bruit de la petite sonnette qui lui annonçait qu'un des passagers avait besoin de quelque chose. Elle y alla tout de suite.

—Vous désirez quelque chose, monsieur?

—Oui. Emmenez-moi voir le pilote, ne dites rien, et ne vous retournez pas, répondit-il d'une voix très calme.

Elle lui jeta un coup d'œil inquiet, aperçut qu'il tenait un revolver à la main gauche, et lui dit sur un ton calme et plein de confiance:

—Certainement, monsieur. Voulez-vous bien me suivre, s'il vous plaît. Le capitaine sera très heureux de vous voir.

Ils marchèrent vers la porte de la cabine, et juste au moment où elle allait ouvrir, deux hommes se levèrent soudain, et se jetèrent sur l'homme; le revolver, heureusement, tomba à terre.

1. Qu'est-ce qui indique que c'était un très grand avion?
2. Qu'est-ce que le passager a fait pour appeler l'hôtesse?
3. Quelles instructions a-t-il données à l'hôtesse? (*Ne donnez pas ses mots exacts.*)
4. Comment le passager voulait-il s'assurer que l'hôtesse l'emmènerait voir le pilote?
5. Qu'est-ce que l'hôtesse a dit au passager de faire?
6. Qu'est-ce que les deux hommes ont fait?

28 Annick et son amie Berthe se promenaient en ville, et en voyant des affiches dans la vitrine d'une agence de voyages, elles se mirent à parler de leurs projets de vacances.

—Cette année j'irai voir ma sœur en Belgique, dit Annick. Ça fait deux ans qu'elle y habite, et je ne lui ai pas encore rendu visite.

—Comment ferez-vous le voyage? demanda Berthe.

—J'irai probablement en voiture.

—Vous feriez mieux de prendre l'avion. C'est plus rapide, et il y a beaucoup d'embouteillages sur les routes.

—Vous avez peut-être raison, mais j'ai toujours eu peur de monter en avion. D'ailleurs, en prenant la nouvelle autoroute qu'on vient de construire, j'arriverai assez vite.

—Quand partirez-vous?

—Ma sœur veut que je sois là pour son anniversaire le deux août, mais mes vacances ne commencent que le quinze août.

1. Pourquoi Annick et Berthe ont-elles commencé à parler de leurs vacances?
2. Quelle décision Annick avait-elle déjà prise?
3. Depuis combien de temps sa sœur habitait-elle en Belgique?
4. Quel conseil Berthe a-t-elle donné à son amie?
5. Pour quelles raisons Annick ne voulait-elle pas suivre ce conseil?
6. Pourquoi la sœur d'Annick serait-elle déçue le deux août?

29 Le quatorze septembre 1977 un grand match de football eut lieu en France. Les champions français, Saint-Etienne, recevaient l'équipe anglaise Manchester United, et tout le monde attendait avec impatience cette lutte de champions. Des milliers d'enthousiastes anglais firent le voyage pour assister au match – chose surprenante, quand on considère les douze cents kilomètres qui séparent ces deux villes: d'ailleurs on peut se demander pourquoi tous ces gens ne travaillent pas le mercredi. Malheureusement beaucoup de ces «enthousiastes» semblent préférer la violence au football: une fois dans le stade quelques Anglais, ayant peut-être trop bu, lancèrent des insultes aux Français; ceux-ci répondirent en leur lançant des morceaux de pain. Bientôt ce fut une véritable bataille, et après avoir fait beaucoup d'arrestations, les agents de police durent s'interposer entre les deux camps – non sans subir eux-mêmes quelques blessures. Le match eut lieu quand même, mais plusieurs «enthousiastes», ayant été emmenés en prison, n'en virent rien.

1. Pourquoi l'équipe de Manchester est-elle allée en France?
2. Pourquoi l'auteur a-t-il été surpris de voir tant de spectateurs anglais au match?
3. Selon l'auteur, qu'est-ce qui explique peut-être la conduite de quelques Anglais?
4. Qu'est-ce que les Français ont fait pour répondre aux insultes des Anglais?
5. Qu'est-ce que les agents de police ont fait?
6. Qu'est-ce qu'on a fait des «enthousiastes» qui n'ont pas vu le match?

—J'ai passé tout un été à m'occuper des enfants d'un chirurgien-dentiste à Chartres, dit Barbara. La famille habitait tout près de la cathédrale et je voyais souvent des religieuses, assises dans la salle d'attente du dentiste à dire leurs prières.

Il y avait deux salles de bains, mais la petite fille de six ans n'aimait pas prendre son bain. Tous les matins et tous les après-midi je devais la conduire à l'école et retourner la chercher à la sortie des classes. Cela m'amusait de faire cette promenade dans les rues pittoresques de la vieille ville, des rues qui me plaisaient beaucoup, toutes bordées de beaux marronniers.

Je voyais peu le garçon de quatorze ans, et Luc, étudiant à Paris, ne rentrait que le week-end. Le père travaillait beaucoup et la mère sortait souvent. Nous passions des heures à table, servis par la petite bonne. J'appréciais fort les bons plats préparés par la cuisinière, mais j'ai été tout étonnée un jour de savoir que la viande que je venais de manger n'était pas du bœuf mais de la viande de cheval!

1. Comment Barbara a-t-elle passé son temps à Chartres?
2. Que faisaient les religieuses dans la salle d'attente?
3. Qu'est-ce qu'elles attendaient?
4. Pourquoi Barbara aimait-elle aller à l'école?
5. Que faisait Luc à Paris?
6. Quel travail la bonne devait-elle faire?
7. Quel travail la cuisinière faisait-elle?
8. Pourquoi Barbara a-t-elle été étonnée un jour?

31   —C'est le dernier jour des vacances, dit Maman. Si on allait dîner au restaurant? J'ai fait la cuisine ici tous les jours!
—Quelle bonne idée, dit Gilbert. J'en ai assez de manger au camping. On n'a mangé que des saucisses et des pommes frites!

Puisque Papa et Angélique étaient d'accord, ils montèrent tous dans la voiture et allèrent en ville pour chercher un bon restaurant. Les enfants auraient aimé un restaurant animé sur le grand boulevard, mais, l'air étant très doux ce soir-là, ils suivirent leurs parents dans un petit café-restaurant où l'on pouvait s'asseoir à la terrasse.

Une fois installés à leur table, ils consultèrent la carte que le garçon avait apportée. Papa dit qu'il prendrait un steak au poivre parce que ça lui mettait l'eau à la bouche, mais Maman et Angélique préférèrent le gigot d'agneau. Après avoir longuement regardé la carte Gilbert soupira et dit:

—Moi, je n'aime ni le gigot ni les plats épicés, et les autres plats ne me tentent pas. Je choisis donc des saucisses avec des pommes frites.

1. Qu'est-ce qu'ils devaient faire le lendemain?
2. Pourquoi Maman voulait-elle manger au restaurant?
3. De quoi Gilbert se plaignait-il?
4. Comment sont-ils allés en ville?
5. Pourquoi ont-ils choisi un restaurant où ils pourraient manger à la terrasse?
6. Qu'est-ce que Papa a dit après avoir consulté la carte? (*Donnez ses mots exacts.*)
7. Pour quelles raisons Gilbert a-t-il choisi des saucisses et des pommes frites?

32 Quelques jours avant de passer le baccalauréat Roland et Claire parlaient de leur avenir. Roland dit qu'il ne voulait pas entrer dans l'enseignement comme son père parce que les élèves devenaient de plus en plus difficiles à discipliner dans les collèges et dans les lycées. Claire pensait qu'il avait raison, mais malgré cela, les longues vacances étaient bien attirantes.

—Pourtant, dit-elle, je ferai des études commerciales et puis je travaillerai dans un bureau. Et toi, Roland, que feras-tu dans la vie?

—Je ne sais pas, répondit-il. Le métier de journaliste m'intéresse beaucoup, mais ma mère dit que je devrais chercher un avenir plus sûr, comme employé de banque, par exemple. Mon père dit qu'il faut attendre les résultats des examens avant de décider. Il a peut-être raison. Ceux qui n'y réussissent pas risquent d'être chômeurs dans quelques années. Allons donc travailler!

1. Quel est le métier du père de Roland?
2. Pour quelle raison Claire aimerait-elle suivre ce métier-là?
3. Qu'est-ce que Claire fera dans la vie?
4. Quelle question Claire a-t-elle posée à Roland? (*Ne donnez pas ses mots exacts.*)
5. Quelle est l'opinion de la mère de Roland?
6. Quels conseils le père de Roland lui a-t-il donnés?
7. Pourquoi Roland va-t-il travailler après cette conversation?

Lyon, vendredi soir

Cher Henri,

    Pourquoi ne m'as-tu pas écrit? As-tu oublié la promesse que tu m'as faite en me quittant samedi soir? Tu devais me téléphoner, ou bien tu m'enverrais une lettre. Et voilà que je n'ai reçu ni coup de téléphone ni lettre, et j'en suis vraiment déçue. Je pense que si tu n'as pas été content de sortir avec moi, tu pourrais bien me le dire. Personnellement j'ai été très contente, et je t'aime beaucoup. Ne te serait-il pas possible de m'envoyer un petit mot?

                    Amitiés,
                      Annette.

1. Qu'est-ce qu'Annette voulait savoir au début de la lettre?
2. Quelle promesse Henri avait-il faite?
3. A quel moment avait-il fait cette promesse?
4. Pourquoi Annette était-elle déçue?
5. Quelle opinion Annette exprime-t-elle?
6. Quelle question lui pose-t-elle à la fin? (*Commencez*: Elle lui demande s'il . . .)

—Regarde! dit Françoise. Il y a une voiture de police arrêtée devant la maison de Madame Piquet. Qu'est-ce qui se passe?

—Peut-être que son fils a eu un accident, dit Pierre. Ça fait seulement deux semaines qu'il a une moto, et il ne sait pas encore bien conduire.

—Ou c'est peut-être un cambriolage, dit Françoise. Madame Piquet m'a dit l'autre jour qu'elle avait envie d'aller passer quelques jours chez sa fille, mais qu'elle n'osait pas quitter la maison, tant elle craignait les voleurs.

A ce moment-là un agent de police sortit en souriant de chez Madame Piquet, et monta dans la voiture qui s'éloigna.

Ce ne fut que quelques jours plus tard que les enfants apprirent qu'on avait retrouvé la chatte bien-aimée de Madame Piquet dans une poissonnerie au centre de la ville, et que ce policier avait été assez gentil pour la lui rapporter.

1. Pour quelles raisons Pierre croyait-il que le fils de Madame Piquet avait eu un accident?
2. Qu'est-ce que Madame Piquet avait dit à Françoise? (*Donnez ses mots exacts.*)
3. Que faisait l'agent de police en sortant de chez Madame Piquet?
4. Une fois sorti de la maison, qu'est-ce qu'il a fait?
5. Qu'est-ce qui indique que le policier était gentil?

—Regardez toutes ces voitures devant nous! dit Anne-Marie. Nous ne pouvons plus avancer.

En effet, il y avait un embouteillage sur plusieurs kilomètres, et les Verlet durent se résigner à passer les premières heures de leurs vacances dans la longue file de voitures qui quittaient Paris pour le Midi.

La chaleur était étouffante en ce premier jour d'août, et malgré les vitres baissées, on manquait d'air dans la voiture.

—Faisons de petits jeux, dit Claude à Anne-Marie. Nous pourrions compter toutes les voitures étrangères que nous verrons.

Mais Anne-Marie s'était déjà mise à lire une revue, tandis que sa mère s'était endormie. Le temps passait lentement, mais ils atteignirent enfin la banlieue, où les voitures avancèrent plus vite.

Ce soir-là, en arrivant à la Côte d'Azur, Monsieur Verlet déclara que l'année prochaine il prendrait ses vacances au mois de juin ou au mois de septembre.

1. Qu'est-ce qu'Anne-Marie a demandé aux autres de faire? (*Ne donnez pas ses mots exacts.*)
2. Où allaient toutes ces voitures?
3. Quelle était la date?
4. Qu'est-ce qu'on avait fait pour avoir moins chaud?
5. Quelle idée Claude a-t-elle eue pour passer le temps?
6. Que faisait Anne-Marie quand Claude lui a demandé de jouer?
7. Quand est-ce que les voitures ont commencé à avancer plus vite?
8. Quelle décision Monsieur Verlet a-t-il prise ce soir-là?

36 Un grand auteur français du dix-neuvième siècle, Honoré de Balzac, écrivit dans sa vie une quantité énorme de romans, mais sa biographie ressemble elle-même à un roman, car elle contient des anecdotes vraiment incroyables. En voici une.

Balzac décida un jour de faire construire une grande villa à Ville d'Avray, pas loin de Paris. Pour économiser son argent, il dessina lui-même la maison; seulement, n'étant pas architecte, il commit inévitablement quelques erreurs, dont la plus énorme fut celle de ne pas mettre d'escaliers dans la maison! Elle fut finalement construite, cependant, mais elle avait coûté beaucoup plus d'argent que Balzac n'aurait voulu. Quand il reçut enfin ses amis pour célébrer la réalisation de son projet extravagant, ceux-ci s'arrêtèrent, stupéfaits, en entrant dans le salon.

—Mais Balzac, s'écria l'un. Le salon est vide – vous n'avez pas de meubles!

—C'est vrai, répondit Balzac. Mais il y a mieux. Regardez les murs!

Les invités regardèrent les murs, et là ils purent lire une description de tous les meubles qui auraient été dans le salon – si Balzac avait seulement eu assez d'argent pour les acheter!

1. Qu'est-ce que Balzac faisait dans la vie?
2. Qu'est-ce qu'il a fait pour économiser son argent?
3. En dessinant la maison qu'est-ce qu'il a oublié de faire?
4. Pourquoi les invités ont-ils été stupéfaits?
5. Pourquoi n'y avait-il pas de meubles?
6. Qu'est-ce que Balzac a fait pour remplacer les meubles qui manquaient?

37 Monsieur Hérault se retourna dans son lit pliant et dit à sa femme:
—Est-ce que tu n'entends pas Estelle qui pleure?

Madame Hérault se leva, prit sa lampe électrique et, en tâtonnant dans l'obscurité, elle rejoignit sa fille qui dormait dans un autre coin de la tente.

—Oh, maman, dit Estelle. Je ne me sens pas bien et la tête me brûle.

Madame Hérault s'inquiéta et dit à son mari qu'il fallait aller chercher un médecin quoiqu'il fût deux heures du matin.

Cette nuit même Estelle fut transportée en ambulance à l'hôpital de la station balnéaire, et elle fut opérée d'urgence de l'appendicite.

Puisqu'il n'était plus question de faire du camping après dix jours d'hôpital, les parents d'Estelle réservèrent des chambres à l'hôtel et Estelle finit ses vacances en se reposant et en faisant des promenades sur la plage.

1. Qu'est-ce que Monsieur Hérault a demandé à sa femme?
   (*Commencez*: Il lui a demandé si . . .)
2. Pourquoi Madame Hérault a-t-elle pris une lampe électrique?
3. Comment les Hérault passaient-ils leurs vacances?
4. Pourquoi Madame Hérault s'est-elle inquiétée en rejoignant sa fille?
5. Pourquoi a-t-il été difficile de faire venir un médecin?
6. Pourquoi Estelle ne pouvait-elle plus faire du camping?
7. Qu'est-ce qu'elle a fait pendant son séjour à l'hôtel?

38 Puisque cinq ans s'étaient écoulés depuis sa première visite à Paris, Antoine voulait d'abord revisiter la belle cathédrale de Notre Dame.

Il se sentit vraiment ému en revoyant les deux tours carrées et les façades merveilleusement sculptées, vues autrefois par Jeanne d'Arc elle-même. Il se rappela aussi que ce fut ici que Napoléon avait été couronné.

En entrant dans la cathédrale Antoine mit quelques instants à s'habituer à l'obscurité. Puis, après avoir admiré les couleurs vives des vitraux magnifiques, il se mit à examiner les belles sculptures.

—Comme c'est facile, se dit-il, d'oublier tous mes petits problèmes dans la grandeur et la tranquillité de cette vieille cathédrale!

1. Quand Antoine avait-il visité Paris pour la première fois?
2. Pourquoi s'est-il senti ému en revoyant les façades de Notre Dame?
3. Pourquoi Napoléon était-il venu à Notre Dame?
4. Pourquoi Antoine ne voyait-il pas très bien en entrant dans l'église?
5. Qu'est-ce qu'Antoine a fait immédiatement avant d'examiner les sculptures?
6. Pourquoi pouvait-il oublier ses problèmes en visitant la cathédrale?

39 La plage était presque vide sous le soleil brûlant de midi, tout le monde étant parti déjeuner. Denise, qui s'était endormie sur le sable sous son ombrelle se réveilla et regarda la mer étincelante qui semblait l'inviter à se baigner dans ses eaux fraîches.

Elle jeta un coup d'œil autour d'elle et aperçut un rocher derrière lequel elle pourrait se déshabiller. Quelques minutes plus tard, vêtue de son maillot de bain, elle plongeait dans la mer. L'eau était délicieuse et Denise aurait aimé nager longtemps mais, se trouvant toute seule, elle n'osa pas s'éloigner de la plage. Flottant sur le dos, elle regarda le ciel bleu des vacances et se promit de revenir en Bretagne l'année prochaine, tant elle aimait cette belle province.

1. Quelle heure était-il?
2. Pourquoi la plage était-elle vide?
3. Qu'est-ce que Denise a fait juste avant de regarder la mer?
4. Qu'est-ce qu'elle a fait derrière le rocher?
5. Pourquoi Denise ne s'est-elle pas éloignée de la plage?
6. Que faisait Denise en Bretagne?

40 Monsieur et Madame Williams goûtaient toutes les spécialités de la région où ils passaient leurs vacances, et cet été, se trouvant dans un beau petit village auvergnat à l'heure du thé, ils eurent l'idée de commander une infusion à la verveine, plante qu'on cultive beaucoup en Auvergne.

Madame Williams, en bonne Galloise, buvait souvent du thé, et elle espérait que l'infusion serait aussi rafraîchissante que sa tasse de thé habituelle. Elle s'assit donc avec son mari au soleil à la terrasse d'un café sur la Grande Place, et quand la patronne arriva, Monsieur Williams dit:

—Deux verveines, s'il vous plaît.

A son grand étonnement la patronne apporta deux petits verres remplis d'un liquide vert, mais il ne dit rien, parce qu'il venait de se rappeler que la verveine était aussi un digestif fort apprécié dans cette région.

Madame Williams leva le verre à ses lèvres et goûta le digestif en faisant une grimace, puis elle regarda autour d'elle, et ne voyant rien sauf un pot fleuri, elle vida son verre dans le pot. Son mari ne put s'empêcher de rire tout en la grondant d'avoir peut-être fait du tort à la belle plante de la patronne!

1. Dans quelle région de la France cette histoire s'est-elle passée?
2. Quel temps faisait-il?
3. Dans quel pays Madame Williams est-elle née?
4. Pourquoi la patronne n'a-t-elle pas apporté une infusion à la verveine?
5. Comment savez-vous que Madame Williams n'a pas aimé la verveine quand elle a levé le verre à ses lèvres?
6. Qu'est-ce qu'elle a fait de son verre de verveine?
7. Quelle a été la réaction de son mari quand elle a fait ceci?

41   —Qu'est-ce qu'il y a à manger ce soir? demanda Jules en entrant dans la cuisine. Ça sent si bon, et je meurs de faim.

Sa femme répondit qu'elle lui préparait un bon ragoût qui ne serait prêt qu'à huit heures. Jules décida donc d'aller prendre l'apéritif au petit café du coin. Il y retrouva quelques habitués qui, étant sur le point de commencer une partie de cartes, l'invitèrent à jouer avec eux. Jules, qui se passionnait pour les cartes, accepta avec plaisir, mais, absorbé par le jeu, il en vint à oublier complètement l'heure, et quand il regarda enfin sa montre, il était déjà neuf heures dix. Jules se leva d'un bond, et sortit du café en courant, sans rien dire à ses camarades. Il arriva chez lui tout essoufflé, en se disant:

—Mon Dieu, le ragoût sera trop cuit et Hélène se mettra en colère!

1. Pourquoi Jules a-t-il demandé ce qu'il y avait à manger?
2. Qu'est-ce que sa femme a répondu? (*Donnez ses mots exacts.*)
3. Pourquoi Jules avait-il oublié l'heure?
4. Comment a-t-il appris l'heure?
5. Qu'est-ce qu'il a fait immédiatement après avoir regardé sa montre?

42 Les Parisiens adorent les légendes; en voici une:

Au Jardin des Plantes on voit un magnifique arbre – un cèdre du Liban – qui date, dit-on, de l'année 1734. Selon la légende, il y fut transporté en cette année par le fameux botaniste Bernard de Jussieu, à qui on avait fait cadeau de cette plante au cours d'un voyage au Liban. Malheureusement il ne put pas trouver un pot à fleurs, et c'est dans son chapeau qu'il le porta sur le bateau, et toujours dans le même chapeau qu'il le présenta au Jardin des Plantes en rentrant à Paris.

Cette histoire n'est pas vraie cependant. Jussieu présenta bien le cèdre au Jardin, mais en réalité c'est à Londres, à Kew Gardens, qu'il le reçut, et – il était déjà dans un pot! Il resta dans son pot jusqu'à Paris, où le pot se cassa pendant le trajet entre la maison de Monsieur de Jussieu et le Jardin des Plantes. C'est à ce moment-là qu'il mit la plante dans son chapeau, où elle resta pendant dix minutes seulement!

1. Comment Jussieu a-t-il obtenu cette plante?
2. Pourquoi avait-il besoin d'un pot à fleurs?
3. Pourquoi, selon la légende, avait-il dû mettre la plante dans son chapeau?
4. Quelle a été la raison véritable pour laquelle il l'a mise dans son chapeau?
5. Qu'est-ce que Jussieu a fait finalement de l'arbre?
6. Comment savez-vous que Monsieur de Jussieu habitait près du Jardin des Plantes?

—Vas-tu me conduire en ville? demanda Madame Fontanet à son mari. J'ai beaucoup de courses à faire.

—Oui, ma chérie, répondit Monsieur Fontanet en déposant son journal. Mais il faudra bien fermer la voiture à clef. Il paraît qu'il y a bien des vols de voitures en ce moment.

En arrivant en ville Monsieur Fontanet gara la voiture devant une boulangerie et puis accompagna sa femme dans les magasins. Puisqu'elle voulait acheter une nouvelle robe elle entra dans beaucoup de magasins et essaya beaucoup de robes avant de faire son choix. Au bout de deux heures le pauvre Monsieur Fontanet, très fatigué, proposa de boire quelque chose avant de rentrer.

En sortant du café Madame Fontanet déclara qu'elle avait passé un après-midi fort agréable, mais qu'il lui faudrait rentrer vite pour préparer le dîner. Ils se dirigèrent donc à pas rapides vers la rue où ils avaient garé la voiture. En tournant le coin Monsieur Fontanet pâlit soudain car l'espace devant la boulangerie était vide!

—Allons tout de suite au Commissariat de Police, dit-il.

Madame Fontanet riait:

—Ne t'inquiète pas, Bernard. C'est devant la boulangerie de la rue Périn que nous avons laissé la voiture!

1. Que faisait Monsieur Fontanet quand sa femme lui a parlé?
2. Pourquoi voulait-elle aller en ville?
3. Qu'est-ce que Madame Fontanet a fait avant de choisir une robe?
4. Pourquoi Monsieur Fontanet a-t-il voulu aller au café boire quelque chose?
5. Qu'est-ce que Madame Fontanet a dit en sortant du café? (*Donnez ses mots exacts.*)
6. Qu'est-ce que Monsieur Fontanet a cru en voyant l'espace vide?
7. Pourquoi Madame Fontanet a-t-elle ri?

44 En rentrant du lycée à quatre heures Annette trouva une enveloppe sur la table.

—Tiens, voilà une lettre pour moi, dit-elle. Elle vient de Trouville, et je reconnais l'écriture de ma cousine Charlotte.

—Ouvre donc la lettre et voyons ce qu'elle veut, dit la mère d'Annette.

—Alors, dit Annette, après avoir sorti la lettre de l'enveloppe. Charlotte m'invite à passer quelques jours chez elle pendant les grandes vacances. Est-ce que je peux accepter, maman? Je voudrais tant aller en Normandie. J'aime bien Charlotte, et elle m'a dit que Trouville est une belle petite ville au bord de la mer.

Sa mère répondit qu'elle devrait attendre le retour de son père parce qu'elle ne savait pas comment Annette ferait le voyage en Normandie. Annette croyait qu'elle pouvait très bien voyager toute seule par le train, mais elle dut attendre longtemps l'arrivée de son père, qui ne rentrait qu'à huit heures du soir.

1. Comment Annette savait-elle que c'était sa cousine qui lui avait écrit?
2. Qu'est-ce que sa mère lui a dit de faire?
3. Pourquoi Charlotte avait-elle écrit à Annette?
4. Pour quelles raisons Annette voulait-elle aller à Trouville?
5. Qu'est-ce que sa mère a répondu quand Annette lui a demandé si elle pouvait accepter l'invitation? (*Donnez ses mots exacts.*)
6. Combien d'heures Annette a-t-elle dû attendre son père?

45 Le petit Raoul ne vivait que pour le football, et surtout pour son équipe préférée, Saint-Etienne. Cette année-là ces joueurs, vainqueurs dans presque tous leurs matchs, étaient redevenus champions de France.

Raoul, ravi, lisait la page des sports dans le journal chaque matin, en découpant des images. Son père ne manquait pas de se fâcher en trouvant de grands trous dans son journal.

Un samedi Saint-Etienne joua contre Reims dans la finale de la coupe. Raoul, ayant passé le week-end à faire du camping, n'avait pas pu regarder le match à la télévision, et il n'apprit le résultat qu'en rentrant le dimanche soir, quand sa mère lui dit que son équipe avait été battue par deux buts à zéro. Voyant son petit garçon tout en larmes, elle essaya de le consoler en lui disant qu'il fallait se faire une raison puisqu'il ne pouvait rien y changer.

—Oh, mais si! répondit Raoul, un crayon à la main. Regarde!

Sa mère vit qu'il avait tout simplement corrigé le résultat dans le journal. Au lieu de «Saint-Etienne a été battu par Reims 2 à 0», on lisait maintenant «Saint-Etienne a battu Reims 2 à 0»!

1. Comment les joueurs de Saint-Etienne étaient-ils redevenus champions de France?
2. Pourquoi le père de Raoul se fâchait-il?
3. Pourquoi Raoul n'a-t-il pas pu regarder le match à la télévision?
4. Comment Raoul a-t-il appris le résultat du match?
5. Quelle a été sa réaction en l'apprenant?
6. Comment sa mère a-t-elle essayé de le consoler? (*Donnez ses mots exacts.*)
7. Pourquoi Raoul avait-il un crayon à la main?

46 L'inspecteur Gourenne s'approcha doucement du grand immeuble qu'on venait de construire dans la rue de la Cité, ayant laissé sa voiture dans la rue du Temple, de peur de se faire remarquer. Il entra, et se présenta devant la loge du concierge. Celui-ci, occupé à balayer sa loge, leva la tête comme s'il devinait la présence de quelqu'un, et, sans bouger, il dit:

—Que voulez-vous?

—Mademoiselle Picon, c'est bien ici?

Le concierge répondit que oui; mais qu'elle était sortie une demi-heure auparavant. Il ajouta qu'elle revenait généralement vers midi.

—A quelle heure est-elle rentrée hier soir? demanda l'inspecteur.

—Pourquoi me posez-vous de telles questions? dit le concierge. Qui êtes-vous?

—Inspecteur Gourenne, de la Police Judiciaire.

1. Comment savez-vous que l'immeuble était tout neuf?
2. Pourquoi l'inspecteur Gourenne n'a-t-il pas garé sa voiture devant l'immeuble?
3. Que faisait le concierge quand Gourenne est arrivé?
4. Quelle a été la première chose que l'inspecteur voulait savoir?
5. Quelle réponse le concierge a-t-il donnée? (*Donnez ses mots exacts.*)
6. Qu'est-ce que le concierge voulait savoir?

—Bonne fête, maman, dit Jean-François en entrant dans la chambre de Madame Tellier. Il embrassa sa mère et plaça sur le lit un plateau avec un bol de café et des croissants frais.

—Quelle bonne surprise! s'exclama Madame Tellier. Je ne savais même pas la date aujourd'hui!

Depuis la mort de son mari il y avait quatre ans Madame Tellier avait lutté seule pour élever ses trois fils. Elle se levait tôt tous les jours pour faire son ménage avant de partir travailler à l'usine. Le soir, il lui fallait préparer le dîner et finir tout ce qui restait à faire dans la maison.

Ce matin Patrice et Raoul suivirent leur grand frère dans la chambre de leur mère et lui offrirent des cadeaux. En défaisant les paquets, Madame Tellier se fit la réflexion qu'après tout elle était la plus heureuse des mères.

1. Qu'est-ce que madame Tellier avait oublié ce matin-là?
2. Pourquoi était-elle obligée de travailler si dur?
3. Comment gagnait-elle sa vie?
4. Que faisait-elle le soir?
5. Pourquoi Madame Tellier se croyait-elle la plus heureuse des mères?

48 Monsieur Colmar avait bien sa voiture particulière, mais depuis les dernières augmentations dans le prix de l'essence il se rendait à son bureau au centre de Paris par le métro.

Ce mercredi matin, le métro étant en grève et son patron voulant le voir à neuf heures, Monsieur Colmar sortit sa voiture du garage. Il eut vite fait de se ranger derrière les autres banlieusards en auto qui se dirigeaient vers Paris, mais qui n'avançaient guère. Après avoir fait deux kilomètres en vingt minutes Monsieur Colmar regarda sa montre: il était déjà huit heures et demie, et il avait encore trois kilomètres à parcourir. Contrarié, il s'arrêta, et abandonnant sa voiture au bord de la route, il se mit à marcher dans la direction de son bureau. Il passa devant des centaines d'automobilistes impatients, et se présenta dans le bureau de son patron à neuf heures moins cinq en se disant:

—Je viendrai plus souvent au bureau à pied. A dire vrai, c'est le moyen de transport le plus sûr.

1. Pourquoi Monsieur Colmar allait-il au travail par le métro depuis quelque temps?
2. Pour quelles raisons est-il parti en voiture ce mercredi matin?
3. A quelle distance habitait-il de son bureau?
4. Pourquoi Monsieur Colmar avançait-il si lentement?
5. Comment Monsieur Colmar est-il arrivé à l'heure?
6. Quelle décision a-t-il prise en arrivant au bureau?

49 C'est au mois de novembre que Jean-François se rendit pour la première fois à Londres. Il avait entendu parler, bien sûr, du fameux brouillard londonien, dont on souffrait, disait-on, tout le long de l'hiver, mais il fut tout de même surpris de trouver qu'il était si épais qu'il n'arrivait pas à voir ce qu'il faisait. Il dut donc marcher très très lentement.

Arrivé à un carrefour, Jean-François s'arrêta à côté d'une jeune femme, et il attendit un instant; elle, cependant, se mit à traverser. Mais, un bruit d'auto se faisant entendre, Jean-François saisit la jeune femme, et lui fit regagner le trottoir. Elle le remercia en lui expliquant qu'elle était française, qu'elle ne pouvait pas s'habituer à la circulation londonienne, et en lui demandant s'il serait assez gentil pour l'accompagner jusqu'à la gare.

1. Qu'est-ce qu'on avait dit à Jean-François avant sa visite à Londres?
2. Pourquoi Jean-François ne voyait-il pas ce qu'il faisait?
3. Qu'est-ce qui indique que Jean-François avait peur?
4. Pourquoi Jean-François a-t-il saisi la jeune femme?
5. Après avoir remercié Jean-François, qu'est-ce que la jeune femme lui a dit? (*Donnez ses mots exacts.*)

50 En 1812 dans un vieux village en France un petit garçon de trois ans regardait travailler son père qui découpait des morceaux de cuir avec des ciseaux et un couteau. Un jour le petit Louis prit du cuir et un couteau, qui glissa entre ses doigts et le blessa à l'œil. A l'âge de cinq ans Louis Braille devint aveugle.

Il était si vif et si intelligent qu'il apprit beaucoup en écoutant ses maîtres à l'école du village, et on l'envoya donc à Paris à la seule école en France pour les enfants aveugles. Louis y apprit à jouer de l'orgue, et à lire et écrire un peu. Mais la façon dont les aveugles lisaient était très difficile, et Louis, à l'âge de douze ans, commença à travailler sur un nouveau système d'écriture.

Il mit cinq ans à inventer un alphabet de points saillants que les aveugles pourraient comprendre avec leurs doigts. Depuis ce temps-là on imprime des milliers de livres et de journaux tous les ans en utilisant «l'écriture Braille», que les aveugles trouvent facile à apprendre.

1. Pourquoi Louis a-t-il pris un couteau?
2. Pourquoi est-il devenu aveugle?
3. Pour quelle raison Louis a-t-il quitté son village?
4. Nommez trois activités que Louis a suivies à Paris.
5. Quel âge Louis avait-il quand il a fini d'inventer son alphabet?
6. Pourquoi la vie est-elle plus agréable pour les aveugles depuis l'invention de l'écriture Braille?

51 Madame Bouchard, très affairée dans la cuisine, mettait les vol-au-vent au four quand le téléphone sonna.

—C'est toi, ma chérie? demanda son mari. Le dîner sera-t-il bientôt prêt? Je viens de terminer des négociations importantes avec notre client, Monsieur Werther, et il voudrait bien dîner avec nous avant de repartir en Allemagne.

—Oui, Georges, répondit Madame Bouchard. Tout sera prêt dans une demi-heure. A tout à l'heure.

Après avoir fait cuire les légumes, elle réchauffa le potage à petit feu et elle eut juste le temps de mettre sa belle robe avant l'arrivée des deux hommes.

Monsieur Werther, homme jovial et sympathique, lui fit des compliments sur le potage, mais quand Madame Bouchard alla chercher les vol-au-vent, elle se rendit compte qu'elle avait oublié d'allumer le four. Elle descendit vite à la cave chercher une excellente bouteille de vin, et les hommes passèrent un bon quart d'heure à boire et à rire avant que Madame Bouchard leur servît des vol-au-vent délicieux.

1. Qu'est-ce qui est arrivé pour interrompre Madame Bouchard quand elle travaillait dans la cuisine?
2. Pourquoi Monsieur Werther était-il venu en France?
3. Que ferait-il après le dîner?
4. Nommez les trois actions que Madame Bouchard a faites juste avant l'arrivée des deux hommes.
5. Qu'est-ce que les hommes ont fait en attendant les vol-au-vent?

52 La famille Thibaudet habitait un petit village en Auvergne: c'était un endroit bien tranquille, mis à part le son des cloches que les vaches portaient autour du cou; celles-ci étaient de la race de Salers qu'on voyait partout.

Jacques Thibaudet, cependant, était un enthousiaste du cyclisme, et il fut ravi d'apprendre un jour que cette année-là le Tour de France devait traverser leur village. Il déposa le journal et dansa de joie, ce qui fit que sa sœur se mit en colère, parce qu'elle détestait le sport. Mais sa colère fut inutile, car Jacques continua à faire du bruit en criant qu'il lui serait possible enfin de voir Thévenet, Merckx et Poulidor, et en demandant à son père où il devrait se mettre pour bien voir qui porterait le maillot jaune.

—Poulidor? Qui est-ce? demanda sa sœur, qui fut aussitôt étonnée de voir passer sur le visage de son frère une expression de dédain.

1. Qu'est-ce qui montre que ce village était vraiment tranquille?
2. Comment Jacques a-t-il appris la bonne nouvelle?
3. A quoi voyez-vous qu'il a été ravi?
4. Quelle a été la réaction de sa sœur?
5. Qu'est-ce que Jacques a dit en montrant son enthousiasme? (*Donnez ses mots exacts.*)
6. Pourquoi Jacques a-t-il regardé dédaigneusement sa sœur?

53 Deux gros yeux regardaient Paul d'un air suppliant et lui donnaient envie de caresser les longues oreilles lisses de l'épagneul.

—Imagine-toi, dit-il en montrant la photo dans le journal à sa mère. On a retrouvé ce chien mourant de faim dans la rue. La Société Protectrice des Animaux dit qu'il a à peu près huit ou neuf mois. Cela me porte à croire qu'on l'a offert comme cadeau de Noël et que les propriétaires l'auront abandonné avant de partir en vacances. Comme je voudrais l'accueillir ici!

—Tu n'y penses pas, Paul, répondit sa mère. Nos deux chats ne l'accepteraient jamais.

Le lendemain soir Paul parcourait le journal quand il trouva quelques lignes très intéressantes.

—Te rappeles-tu l'épagneul perdu? demanda-t-il à sa mère. Eh bien, plus de cinquante personnes ont demandé à la Société Protectrice des Animaux si elles peuvent l'avoir. Le représentant de la Société dit que le chien pourra rejoindre sa nouvelle famille dans quelques jours, quand il sera rétabli.

—Quelle bonne nouvelle, dit sa mère. On critique souvent la presse, mais cette fois-ci le rédacteur de notre journal a vraiment joué le rôle d'un bienfaiteur.

1. Qu'est-ce que Paul aurait fait si l'épagneul avait été près de lui?
2. Dans quel état le chien était-il quand on l'avait retrouvé?
3. Qu'est-ce qui pouvait expliquer l'abandon du chien?
4. Quelle question Paul a-t-il posée à sa mère après avoir parcouru le journal? (*Commencez*: Il lui a demandé si . . .)
5. Pourquoi le nouveau propriétaire ne pouvait-il pas recueillir le chien tout de suite?
6. D'après la mère de Paul, à qui le chien devra-t-il son nouveau bonheur?

—Nous avons placé une bombe dans votre magasin. Il vous reste cinq minutes, c'est tout. Vous feriez bien de vous échapper tout de suite.

Monsieur Lambert, propriétaire d'un grand magasin dans le Boulevard Rochechouart, fut ahuri devant ce coup de téléphone, mais il ne tarda pas à sonner l'alarme, attendant tout de même pour s'assurer que tout le monde était sorti du magasin avant de passer lui-même dans la rue.

Une fois dans la rue il parla à son sous-directeur, Monsieur Chambon, qui disait qu'il serait surpris s'il y avait vraiment une bombe, parce que deux propriétaires de magasin avaient reçu une communication pareille deux jours avant, et la police n'avait rien trouvé.

—Oui, je crois que vous avez raison, allait dire Monsieur Lambert, mais sa phrase fut interrompue par une détonation épouvantable.

1. Qu'est-ce qu'on a dit à Monsieur Lambert au téléphone? (*Ne donnez pas les mots exacts.*)
2. Après le coup de téléphone, quelles ont été les trois premières actions de Monsieur Lambert?
3. Qu'est-ce que Monsieur Chambon a dit à Monsieur Lambert? (*Donnez ses mots exacts.*)
4. Qu'est-ce qui s'est passé pour empêcher Monsieur Chambon d'entendre ce que lui disait Monsieur Lambert?

—Oh mon Dieu, ma montre, où est-elle? s'écria Madame Rousseau en regardant son poignet vide.

—Tu as dû la perdre à la station-service où nous avons pris du café il y a un quart d'heure, dit son mari. Nous y retournerons, car ce n'est pas trop loin.

Un peu plus tard Madame Rousseau entra dans le petit café à côté de la station-service, mais personne n'avait vu sa montre. La patronne écrivit le nom et l'adresse de Madame Rousseau en lui promettant de l'informer si on trouvait la montre.

Madame Rousseau sortit donc du café et alla rejoindre son mari, qui n'avait rien trouvé dans le parking. Elle passait devant le poste d'essence quand elle vit briller quelque chose par terre. En poussant un cri de joie elle ramassa sa montre.

—C'est extraordinaire! dit-elle à Monsieur Rousseau. La montre marche encore, quoique bien des voitures aient dû passer par-dessus!

—Tu as vraiment de la chance, répondit son mari.

1. De quoi Madame Rousseau s'est-elle rendu compte en regardant son poignet?
2. Pourquoi les Rousseau s'étaient-ils arrêtés à la station-service un quart d'heure plus tôt?
3. Qu'est-ce qu'ils ont fait pour essayer de trouver la montre?
4. Comment la patronne informerait-elle Madame Rousseau si on trouvait la montre?
5. Qu'est-ce que Monsieur Rousseau avait fait pendant que sa femme était dans le café?
6. Comment savez-vous que Madame Rousseau était heureuse de trouver sa montre?
7. Pourquoi était-elle surprise de trouver que la montre marchait encore?

56 Madame Poirot aimait beaucoup les belles fleurs, et son mari lui avait dit qu'il planterait des pétunias et des géraniums pour l'été. Il prépara donc le sol avec beaucoup de soin, et il planta les graines au mois d'avril dans un coin ensoleillé du jardin.

Il allait souvent voir si tout allait bien, et un jour il fut tout heureux d'apercevoir de toutes petites feuilles vertes dans la plate-bande.

—Viens voir, ma chérie. Tu auras bien des fleurs cet été, dit-il à sa femme.

Quelques jours plus tard il sortit comme d'habitude dans le jardin, et Madame Poirot, qui faisait la vaisselle dans la cuisine, l'entendit crier quelque chose. Elle sortit précipitamment en laissant tomber son torchon, et elle leva les bras au ciel quand elle vit le gros chat du voisin couché confortablement sur ses petites fleurs tendres.

—Va-t'en, sale bête! criait son mari. Tu vas tout écraser!

1. Quelle promesse Monsieur Poirot avait-il faite à sa femme?
2. En quelle saison de l'année a-t-il planté des fleurs?
3. Pourquoi a-t-il été très heureux un jour?
4. Qu'est-ce qu'il a dit à sa femme de faire? (*Ne donnez pas ses mots exacts.*)
5. Pourquoi Madame Poirot est-elle sortie dans le jardin?
6. Comment a-t-elle montré son émotion en voyant le chat?
7. Qu'est-ce que Monsieur Poirot demandait au chat de faire?

57 —Que ceci devient ennuyeux! chuchota Stéphane à son camarade de classe. Je ne comprendrai jamais rien aux mathématiques.

—Stéphane, tais-toi et écris la réponse dans ton cahier! dit le professeur.

—Oui, monsieur, répondit Stéphane en rougissant. Il essaya de penser à ce qu'il devait faire mais les chiffres dansaient sur la page devant lui, et à leur place il voyait un beau cheval noir qui galopait crinière au vent. Il avait toujours aimé les chevaux et son père lui avait promis que s'il était reçu à ses examens il pourrait apprendre à monter à cheval pendant les grandes vacances.

—Et quelle est la réponse, Stéphane? demanda Monsieur Blot.

—C'est deux cent quarante, monsieur, répondit le garçon.

—Mais non, tu t'es trompé encore une fois. Si tu ne fais pas un gros effort, je serai obligé de te punir.

Stéphane se remit au travail en songeant amèrement qu'il ne verrait jamais son beau cheval.

1. Qu'est-ce que Stéphane a dit à son camarade? (*Commencez*: Il lui a dit que . . .)
2. Quels ordres le professeur a-t-il donnés à Stéphane?
3. A quel moment Stéphane a-t-il rougi?
4. Pourquoi n'a-t-il pas bien résolu son problème?
5. Que ferait Stéphane pendant les vacances s'il était reçu aux examens?
6. Que ferait Monsieur Blot si Stéphane ne faisait pas un gros effort?
7. Comment savez-vous que Stéphane ne se sentait pas plein d'optimisme en se remettant au travail?

—Dépêche-toi! cria Monsieur Duval à sa fille. Si nous ne partons pas dans cinq minutes nous manquerons le train!

—Oui, papa, répondit Janine en descendant l'escalier quatre à quatre, mais je ne peux pas fermer ma valise.

—Demande à Lucien de t'aider, dit son père. Il est dans le salon.

Lucien aida donc sa sœur pendant que Monsieur Duval sortait la voiture du garage. Puis, ayant mis la valise fermée dans le coffre, Monsieur Duval conduisit Janine à la gare. Elle acheta son billet au guichet et puis elle s'installa dans un compartiment vide du train où elle monta sa valise dans le filet. Elle venait d'embrasser son père puisque le train était sur le point de partir quand elle s'écria soudain:

—Oh, papa! J'ai fermé ma valise à clef, et j'ai laissé la clef dans ma chambre!

1. Qu'est-ce que Monsieur Duval a dit à Janine de faire?
2. Pourquoi a-t-il dit ceci?
3. Qu'est-ce que Janine a fait en répondant à son père?
4. Pourquoi Janine a-t-elle dû demander de l'aide à Lucien?
5. Qu'est-ce qu'elle a fait de sa valise en s'installant dans le compartiment?
6. Pourquoi ne pourrait-elle pas ouvrir sa valise en arrivant à sa destination?

59 Comme beaucoup de Français les Vaugirard étaient fiers de leur maison de campagne, vieille propriété dans le Limousin rénovée à force de plusieurs années de travail.

Tous les étés au début de juillet Madame Vaugirard et ses enfants partaient à leur maison de campagne, mais Monsieur Vaugirard, n'ayant qu'un mois de vacances, devait rester encore quelques semaines dans la capitale.

Puisque la maison restait enfermée la plupart de l'année, Madame Vaugirard avait écrit à une femme qui habitait le village le plus proche pour lui demander de faire un peu de ménage et de préparer la maison pour eux. Madame Vaugirard ne fut donc pas surprise quand son fils, qui était descendu le premier de la voiture, lui cria qu'on avait oublié de fermer la porte de la maison. Quelques instants plus tard Gérard sortit en courant de la maison.

—Maman! dit-il. Il y a quelqu'un dans mon lit!

En effet, après avoir monté l'escalier Madame Vaugirard vit un vieux vagabond sale qui ronflait paisiblement entre les draps blancs du lit de son fils!

1. Où habitaient les Vaugirard la plupart de l'année?
2. Qu'est-ce qu'il avait fallu faire pour rénover la maison de campagne?
3. Pourquoi Monsieur Vaugirard ne pouvait-il pas partir avec sa famille?
4. Qui est-ce que Madame Vaugirard s'attendait à voir dans la maison?
5. Pourquoi Gérard est-il sorti en courant de la maison?
6. Pourquoi le vagabond est-il entré dans la maison?
7. Comment y était-il entré?

60 A onze heures du matin Madame Moreau se rappela qu'il ne lui restait plus de légumes pour le déjeuner. Heureusement que c'était jour de marché à Melun et elle se dépêcha donc de sortir, le panier sous le bras.

En arrivant au marché elle s'arrêta devant un étalage pour examiner les légumes et après avoir choisi un beau chou elle demanda à la marchande si elle avait des poivrons et des oignons.

—Non, madame, répondit celle-ci. Je regrette, mais je les ai tous vendus.

—Tant pis, dit Madame Moreau, et elle ouvrit son porte-monnaie, y prit de l'argent, et paya le chou. Après quoi, elle remercia la marchande et rentra à toute vitesse. Elle eut juste le temps de faire cuire le chou avant l'arrivée de son mari, mais elle fut toute contente quand il lui fit des compliments sur le déjeuner.

—J'irai quand même faire mes courses de bonne heure demain matin, se dit-elle.

1. Pourquoi Madame Moreau est-elle allée au marché?
2. Pourquoi était-elle si pressée?
3. Quelle est la première chose qu'elle a faite en arrivant au marché?
4. Pourquoi ne pouvait-elle pas acheter des poivrons et des oignons?
5. Quelles sont les deux actions que Madame Moreau a faites immédiatement avant de payer le chou?
6. Comment savez-vous que le déjeuner a plu à Monsieur Moreau?
7. Quelle décision Madame Moreau a-t-elle prise?

61 Marise se leva de bonne heure et quitta la maison. Elle trouvait les promenades matinales très agréables, malgré le froid de ce matin d'hiver. Elle se frotta les mains pour les réchauffer et avança à vive allure sur la neige blanche qui étincelait sous la lumière du matin.

Après avoir fait le tour du village Marise rentra sans faire de bruit pour ne pas déranger sa mère, fatiguée après toutes les festivités de la veille – le jour de Noël. Dans la cuisine elle prépara du café et des tartines, qu'elle mit sur un plateau avant de monter frapper à la chambre de sa mère.

—Que tu es gentille, Marise! lui dit celle-ci. J'aime bien prendre mon petit déjeuner au lit.

Marise se sentait vraiment heureuse. Le lendemain elle devrait quitter ce beau village des Alpes pour se rendre à Lyon où son travail de sténo-dactylo l'attendait, mais elle garderait longtemps un bon souvenir de ces vacances de Noël.

1. Pourquoi Marise s'est-elle levée de bonne heure?
2. Qu'est-ce qu'elle a fait pour se réchauffer?
3. Qu'est-ce que la mère de Marise avait fait la veille?
4. Quelle était la date?
5. Qu'est-ce que Marise a fait dans la cuisine?
6. Pourquoi la mère de Marise était-elle contente?
7. Que ferait Marise à Lyon?

Est-ce que vous connaissez le nom de Jean-Baptiste Jupille? Peut-être que non, mais nous devrions tous reconnaître son courage.

Un jour ce jeune berger gardait ses moutons quand un loup enragé attaqua son troupeau. Jean-Baptiste se battit avec le loup, et il en fut mordu plusieurs fois avant de réussir à l'étrangler. Le jeune homme contracta la rage, et bien sûr, il risquait d'en mourir, parce que, à cette époque-là, si on souffrait de la rage on ne guérissait presque jamais.

Heureusement que Louis Pasteur venait d'inoculer quelques animaux souffrant de la rage avec un virus pris d'un chien enragé. Ces animaux vivaient encore, mais Pasteur n'avait pas encore essayé son remède sur un être humain. Sachant qu'il pouvait très bien en mourir, Jean-Baptiste se laissa inoculer par Pasteur, et tout le monde fut content d'apprendre sa guérison.

1. Qu'est-ce que l'auteur voudrait savoir au début du passage?
2. Qu'est-ce que le loup a fait à Jean-Baptiste avant de mourir?
3. Comment Jean-Baptiste a-t-il tué le loup?
4. Pourquoi Pasteur voulait-il essayer son nouveau remède sur un être humain?
5. Pour quelle raison Jean-Baptiste était-il courageux en se laissant inoculer?
6. Quel a été le résultat de l'inoculation?

63

—Est-ce que tu peux aller au cinéma ce soir? demanda Jean à son ami Claude. On joue un bon film avec Alain Delon – c'est un acteur formidable!

—Mais non, tu sais bien que je joue toujours au football le mardi soir, répondit Claude.

Jean quitta donc son ami, et, après avoir regardé dans la vitrine de quelques magasins, il rentra chez lui. Sur la table de la cuisine il trouva un billet de sa mère: «Je suis chez ta sœur. Je reviendrai vers neuf heures.» A peine eut-il lu ce billet que le téléphone sonna. C'était son père qui lui dit de ne pas l'attendre pour le dîner parce qu'il lui restait beaucoup de travail à faire au bureau.

Ayant avalé quelques sandwiches, Jean s'installa dans le salon et alluma le poste de télévision. La speakerine annonçait les programmes pour ce soir. Quelle joie! A vingt heures il y aurait un film dont la vedette serait Alain Delon!

1. Pour quelles raisons Jean voulait-il aller au cinéma ce soir-là?
2. Quand Jean a quitté son ami qu'est-ce qu'il a fait avant de rentrer?
3. Comment a-t-il su pourquoi sa mère était sortie?
4. Où était sa mère?
5. A quel moment le téléphone a-t-il sonné?
6. Qu'est-ce que son père lui a dit au téléphone? (*Donnez ses mots exacts.*)
7. Comment Jean a-t-il appris qu'il y aurait un film avec Alain Delon à la télévision ce soir?

64 Monsieur Smith savait bien, comme tous les Anglais, que la cuisine française est excellente, et il se rappelait les paroles de la mère de Brillat-Savarin, qui dit juste avant de mourir «Je sens que je vais mourir – vite, apportez le dessert!», mais le mariage de son cousin avec une Française fut sa première expérience d'un banquet en France.

La cérémonie eut lieu à cinq heures du soir, et deux heures plus tard tous les invités se mirent à table, et on apporta le potage. Puis ce fut tout une suite de plats variés – un festin somptueux enfin, accompagné des meilleurs vins de la région. Il ne faut pas oublier non plus le magnifique gâteau, surmonté de figurines – celles-ci représentaient les jeunes mariés – avec lequel on but du champagne, bien sûr.

Entre les plats presque tout le monde se levait pour danser. Au milieu de la nuit les invités se rendirent compte que les mariés, partis déjà en voyage de noces, n'étaient plus là: on continua tout de même à boire, à manger, et à danser jusqu'à l'aube.

1. Pourquoi Monsieur Smith assistait-il à ce repas?
2. Qu'est-ce que Madame Brillat-Savarin voulait faire avant de mourir?
3. A quelle heure s'est-on mis à table?
4. Comment a-t-on commencé le banquet?
5. Qu'est-ce qu'on avait mis sur le gâteau?
6. Qu'est-ce que les invités ont fait jusqu'à l'aube?
7. Pourquoi les mariés n'étaient-ils plus là?

65 Ça faisait vingt ans que Jean-Louis n'avait pas vu Simon, son meilleur camarade au Lycée Condorcet. Maintenant qu'il allait le revoir Jean-Louis se posait bien des questions, comme «Simon a-t-il beaucoup changé? Me reconnaîtra-t-il?».

En arrivant sous la grosse horloge de la gare Jean-Louis vit un homme d'une quarantaine d'années s'approcher de lui.

—Tu es bien Jean-Louis, n'est-ce pas?

—Oui, bien sûr, Simon. Ça va bien?

Les deux amis se serrèrent la main et s'étant installés dans le café d'en face ils se mirent à causer.

La conversation roula d'abord sur la vie actuelle des deux hommes, mais après deux verres de vin, elle devint plus gaie et bientôt ils riaient aux éclats en se racontant des anecdotes de leur enfance insouciante.

—Eh, Jean-Louis, te rappelles-tu le jour où tu t'es battu dans la cour avec Henri parce qu'il avait refusé de t'aider à faire ton devoir d'anglais?

1. Quand Jean-Louis et Simon s'étaient-ils connus autrefois?
2. Qu'est-ce que Jean-Louis se demandait avant de revoir Simon?
3. Quel âge Simon avait-il maintenant?
4. Quelles sont les trois premières actions que les deux hommes ont faites après s'être rencontrés?
5. Que faisaient-ils en parlant?
6. Qu'est-ce qui indique qu'ils étaient heureux?
7. Qu'est-ce qui s'était passé un jour dans la cour?

66 Madame Dufour aimait beaucoup la musique. Autrefois elle avait joué du violon, mais les soins du ménage, de son mari, et de ses quatre enfants ne lui laissant plus le temps d'en jouer, elle écoutait souvent des concerts à la radio.

Ce soir-là, les enfants couchés et son mari parti en voyage d'affaires, elle s'installa dans un fauteuil et alluma le poste de radio. Le concert devait commencer à neuf heures avec l'interprétation d'une symphonie de son compositeur préféré. Comme neuf heures sonnaient à la pendule Madame Dufour fut donc surprise d'entendre qu'on allait écouter une sonate de Schœnberg en attendant le commencement du concert. A dix heures moins le quart Madame Dufour écoutait toujours du Schœnberg et, fatiguée, elle ferma le poste et alla se coucher.

Le lendemain matin elle lut dans son journal que le concert avait enfin commencé à dix heures à l'arrivée du tromboniste et du trompettiste, retardés par un embouteillage.

1. Pourquoi Madame Dufour ne jouait-elle plus du violon?
2. Que faisaient le mari et les enfants de Madame Dufour ce soir-là?
3. Pourquoi le début du programme plairait-il à Madame Dufour?
4. Quelles ont été les deux premières actions de Madame Dufour après avoir écouté la sonate?
5. Comment a-t-elle appris pourquoi le concert n'avait pas commencé à l'heure?
6. Pourquoi les deux musiciens étaient-ils arrivés en retard?

67 —Alors, qu'est-ce que tu as vu à Paris? demanda René à son ami Claude, qui venait de passer huit jours dans la capitale.

—Eh bien, j'ai visité tous les monuments célèbres comme l'Arc de Triomphe et la Tour Eiffel, mais c'est la Conciergerie qui m'a impressionné le plus.

—Pourquoi donc?

—Tu sais bien que je m'intéresse beaucoup à l'histoire de la Révolution, et à la Conciergerie j'ai presque revécu l'époque de la Terreur. On y a enfermé les condamnés à mort avant de les envoyer à l'échafaud. J'étais bien triste en visitant le petit cachot froid et obscur où la reine Marie-Antoinette a passé ses derniers jours. J'ai même vu la lame d'une guillotine comme celle dont on s'est servi pour couper la tête à tant de gens. Avant de partir à leur exécution certains prisonniers ont eu le droit de faire leurs adieux à leur famille dans un coin de la cour.

—Que c'est triste, dit René.

—Oui, répondit Claude, mais chaque pierre de cet ancien palais des rois, qui fait maintenant partie du Palais de Justice, raconte un peu de l'histoire de notre pays.

1. Qu'est-ce que René voulait savoir?
2. Pourquoi Claude a-t-il aimé la Conciergerie?
3. Qu'est-ce qu'on a fait avec les condamnés à mort après les avoir enfermés dans la Conciergerie?
4. Pourquoi Claude s'est-il senti triste en visitant le cachot froid?
5. Comment a-t-on tué les condamnés à mort?
6. Qu'est-ce qui s'est passé dans un coin de la cour?
7. Pourquoi a-t-on fait construire la Conciergerie?

Les deux éclaireurs se sentaient bien fatigués après six heures de marche, et ils devaient parcourir encore trois kilomètres avant d'arriver à la ferme où ils camperaient.

—Reposons-nous un peu, dit André. J'ai mal aux pieds et mon sac à dos me blesse les épaules.

—Mais non, répondit Hugo. Nous n'avons pas le temps.

La fermière aperçut les deux garçons qui arrivaient à la ferme, et elle leur indiqua le champ où ils pourraient camper. La tente dressée, André et Hugo étaient en train de faire cuire des saucisses sur un feu de bois quand le fermier arriva, tout essoufflé.

—Vous vous êtes trompés de champ, dit-il. N'avez-vous pas remarqué les quarante-trois vaches à l'autre bout du champ? Si vous restez ici, elles vont tout manger!

Les vaches, ayant entendu la voix de leur maître, choisirent ce moment pour avancer lourdement vers la tente. Les garçons, effarés, frappèrent des mains pour les chasser, mais, toutes curieuses, elles restèrent là pendant que les campeurs pliaient leur tente et jetaient leur matériel par-dessus la haie aussi vite que possible.

1. Pourquoi les éclaireurs étaient-ils fatigués?
2. Qu'est-ce qu'André voulait faire après six heures de marche?
3. Pourquoi voulait-il faire ceci?
4. Qu'est-ce que les garçons ont fait avant de faire la cuisine?
5. Qu'est-ce que le fermier voulait leur expliquer?
6. Pourquoi les garçons ont-ils eu peur?
7. Qu'est-ce qu'ils ont fait à toute vitesse?

—Crois-tu aux fantômes? demanda Jacques à son ami Gilbert.

—Je ne sais pas. On m'a dit tant de choses bizarres à ce sujet. Par exemple, j'ai entendu parler d'un jeune professeur suisse – une femme – on dit qu'un fantôme apparaissait souvent dans la même pièce qu'elle. Alors tout le monde avait peur, et après avoir été congédiée d'une vingtaine d'écoles, elle a disparu sans laisser de traces!

—Oh là là! dit Jacques. Moi, j'ai lu beaucoup d'histoires où on parle de vieilles maisons hantées. Ça me fait peur.

—Moi aussi. Je pense que je préfère habiter une maison moderne, dit Gilbert.

—Si tu vas à Versailles tu verras peut-être le fantôme de la reine Marie-Antoinette, comme ces deux dames dont on parlait tout à l'heure!

—Tu sais, répondit Gilbert, je pense finalement que je crois aux fantômes!

1. Qu'est-ce que Jacques demandait à Gilbert de lui dire?
2. Pourquoi Gilbert a-t-il dit qu'il ne savait pas?
3. Qu'est-ce qu'on avait fait au professeur suisse avant sa disparition?
4. Comment Jacques avait-il appris des histoires de fantômes?
5. Pourquoi Jacques préférait-il habiter une maison moderne?
6. Pour quelle raison a-t-il parlé de Versailles?

—On arrive déjà au quatrième étage? demanda un petit homme gros, le visage tout ruisselant de sueur.

—Mais non, pas encore, répondit un autre homme. Il me semble que l'ascenseur ne monte plus.

Les cinq ou six personnes dans l'ascenseur se regardaient avec inquiétude. C'était pendant la période des grandes chaleurs et l'air manquait déjà dans cet espace restreint. Une femme en larmes dit qu'il fallait absolument faire quelque chose: elle allait s'évanouir si on ne la laissait pas sortir tout de suite de l'ascenseur. Son mari, qui paraissait assez calme, lui répondit:

—Ne t'inquiète pas, chérie. Si l'ascenseur est en panne, on va sûrement nous réparer ça très vite.

En effet des grincements et des bruits étouffés se firent entendre dans la cage au-dessous d'eux, et quelques instants plus tard l'ascenseur se remit à monter par saccades.

1. Qu'est-ce que le petit homme voulait savoir?
2. Comment savez-vous que celui-ci avait très chaud?
3. Quels sont les mots exacts employés par la femme qui pleurait?
4. Comment son mari a-t-il essayé de la rassurer?
5. Quelle raison lui a-t-il donnée d'être calme?
6. Comment les gens dans l'ascenseur ont-ils su qu'on essayait de les libérer?

71 Un jeune peintre qui était pauvre alla un jour chez son ami à Paris et le trouva en train de peindre le portrait d'un vagabond à l'air si malheureux que le visiteur lui glissa quelques sous dans la poche avant de partir.

Le lendemain le jeune homme reçut une lettre qui disait: «Hier vous avez donné six sous à un vagabond. Aujourd'hui ces six sous sont devenus dix mille francs. Si vous présentez ce chèque à la banque on vous payera cette somme.» La lettre était signée «James Rothschild». L'homme le plus riche de l'Europe avait consenti à poser comme vagabond parce que son ami croyait qu'il avait précisément le visage qu'il cherchait pour ce portrait.

Ayant appris que le jeune homme était un étudiant pauvre qui n'avait pas assez d'argent pour payer ses études, Rothschild avait voulu récompenser sa générosité en l'aidant dans sa carrière.

1. Que faisait l'ami quand le jeune peintre lui a rendu visite?
2. Pourquoi le jeune peintre a-t-il donné de l'argent au vagabond?
3. Comment le jeune homme recevrait-il la somme de dix mille francs?
4. Pourquoi Rothschild pouvait-il donner tout cet argent au jeune homme?
5. Que ferait le jeune homme avec l'argent de Rothschild?

72 Pendant la deuxième guerre mondiale le général Eisenhower, chef des forces alliées, se dirigeait en voiture vers son quartier général à Versailles près de Paris quand il aperçut une vieille dame qui pleurait au bord de la route. Elle dit au général, qui avait demandé à son chauffeur d'arrêter la voiture, qu'elle allait voir sa fille à Paris, mais qu'elle n'avait aucun moyen de transport et elle ne pouvait plus marcher.

Eisenhower la fit monter tout de suite dans sa voiture et il la conduisit chez sa fille qui habitait assez loin, de l'autre côté de Paris. Il arriva fort en retard à Versailles, et fut accueilli par les cris et les rires de ses hommes. L'ennemi, ayant appris l'heure à laquelle il devait retourner à Versailles, avait dressé une embuscade à un carrefour sur sa route. A cause de la vieille dame le général avait changé de direction avant d'y arriver, et il échappa à la mort pour mener ses soldats à la victoire.

1. Pourquoi le général allait-il à Versailles?
2. Qui conduisait la voiture?
3. Qu'est-ce que le général voulait faire quand il s'est arrêté?
4. Pourquoi est-il arrivé en retard à Versailles?
5. Que faisaient ses hommes quand il y est arrivé?
6. Comment Eisenhower a-t-il échappé à la mort?

73 Il y a trois cents ans la famille Bonnet habitait la campagne en France, à l'époque où les Catholiques se mirent à persécuter les Protestants. Les Bonnet, de bons Huguenots, décidèrent d'essayer de se réfugier à l'étranger.

Ils mirent leurs enfants, dont le plus jeune n'avait que cinq ans, dans les paniers que portait leur âne et ils couvrirent les enfants de légumes. Puis, en recommandant aux enfants de ne faire aucun bruit, ils partirent comme s'ils allaient au marché.

En route ils rencontrèrent un soldat qui devina ce qu'ils faisaient et qui dit en passant son épée au travers des paniers:

—Je veux savoir si vos carottes sont bien tendres.

Le soldat fut assez déçu de ne pas entendre de cris et il s'en alla après avoir laissé passer la famille. Plus loin les parents ouvrirent les paniers et trouvèrent leur fils cadet blessé dans la cuisse.

—Mais je n'ai pas fait de bruit, dit celui-ci en s'évanouissant.

Toute la famille réussit à s'échapper et à recommencer une nouvelle vie en Amérique grâce au courage de cet enfant.

1. A quel siècle cette histoire s'est-elle passée?
2. Pourquoi les Bonnet ont-ils décidé d'aller à l'étranger?
3. Comment ont-ils caché leurs enfants?
4. Comment savez-vous que le soldat avait deviné ce qui arrivait?
5. Pourquoi le petit garçon n'a-t-il pas poussé de cris?
6. Qu'est-ce que le soldat a fait après avoir laissé passer la famille?
7. Qu'est-ce qui est arrivé au garçon quand il a parlé à ses parents?
8. Comment le courage du petit garçon a-t-il été récompensé?

Paris, le dix juin

Chère Hélène,

    Je ne savais pas si j'oserais vous écrire, mais je voulais tant vous revoir. J'ai été très heureux de faire votre connaissance samedi dernier, et j'ai été furieux après, parce que je n'avais pas demandé votre adresse. Heureusement Pierre a pu me la donner, mais j'ai mis deux jours à trouver assez de courage pour écrire cette lettre. J'espère que ça ne vous embarrasse pas, et que ça vous plairait de me revoir. Si vous voulez me voir, voulez-vous me retrouver mardi à la terrasse du Café Procope à sept heures? Si vous ne pouvez pas y être, téléphonez-moi, s'il vous plaît. Mon numéro est 267–30–81.

    En espérant vous revoir bientôt,
    Sincèrement à vous,
    Jean-Michel.

1. Pourquoi Jean-Michel voulait-il écrire à Hélène?
2. Qu'est-ce qu'il ne savait pas au début?
3. Qu'est-ce qu'il avait oublié de faire samedi dernier?
4. Comment a-t-il trouvé l'adresse d'Hélène?
5. Quelle proposition lui fait-il?
6. Qu'est-ce qu'elle devra faire si elle ne peut pas y aller?

75 Tout le monde attendait avec impatience le grand match de boxe entre le champion des poids lourds et le jeune Marcel Dupont, vainqueur de ses vingt derniers matchs.

Les spectateurs, qui avaient payé cher leur place, sifflèrent et applaudirent bruyamment quand les deux boxeurs arrivèrent dans le ring, chacun vêtu d'une robe de chambre en soie qui portait son nom. S'étant serré la main, ils se dirigèrent vers leur coin où les entraîneurs les attendaient. Tout ce qui restait à faire fut d'écouter quelques mots de l'arbitre et puis d'attendre la sonnerie de la cloche qui signalerait le commencement du premier round.

Les deux adversaires se levèrent enfin pour ôter leur robe de chambre. Ce fut d'abord le silence, et puis de grands éclats de rire. Le champion se tenait là, tout nu, ayant oublié de remettre son short après le pesage!

1. Quel avait été le résultat des vingt derniers matchs de Marcel Dupont?
2. Comment les spectateurs ont-ils accueilli les deux boxeurs?
3. Comment les boxeurs étaient-ils habillés en arrivant dans le ring?
4. Qu'est-ce qu'ils ont fait après s'être serré la main?
5. Comment saurait-on quand le match allait commencer?
6. Pourquoi les spectateurs ont-ils ri?

76 Un bel après-midi pendant les grandes vacances Madame Lenoir, Roger et Annique étaient partis pique-niquer à la campagne. Roger fut très heureux de découvrir trois lacs au milieu d'une forêt, car il allait souvent pêcher pendant que sa mère et sa sœur se promenaient. Mais quelle déception! au bord du plus grand lac il y avait un écriteau qui disait: «Propriété privée. Pêche interdite».

Après avoir pique-niqué sous les arbres Madame Lenoir et Annique partirent faire une promenade, mais Roger suivit le chemin au bord des lacs. Bientôt il découvrit un petit lac peu profond où il n'y avait pas d'écriteau. Roger s'y installa avec sa canne à pêche, et, à son grand étonnement, il réussit presque tout de suite à attraper un gros poisson – une belle truite – que Roger sortit du lac et cacha dans son panier de pêche juste avant l'arrivée d'un gros monsieur.

—Est-ce que vous avez l'autorisation de pêcher ici? demanda celui-ci. Sinon, vous payerez une grosse amende, car nous avons rempli ce lac de truites.

Roger s'excusa, et s'en alla le plus vite possible sans parler de la belle truite. Il promit à sa mère de ne jamais pêcher dans les propriétés privées, mais cela ne l'empêcha pas d'être très fier du beau poisson qu'il avait attrapé après quelques instants de pêche!

1. Pourquoi la mère et la sœur de Roger n'étaient-elles pas restées avec lui?
2. Pourquoi a-t-il réussi si vite à attraper un poisson?
3. Pour quelle raison le monsieur n'a-t-il pas vu la truite?
4. Qu'est-ce que le monsieur voulait savoir?
5. Quelle promesse Roger a-t-il faite à sa mère? (*Donnez ses mots exacts.*)
6. Comment savez-vous que Roger ne regrettait pas cet incident?

77 Dans la lettre célèbre écrite par Madame de Sévigné à sa fille en 1671, nous apprenons que le roi Louis XIV fut invité à Chantilly au château du Prince de Condé. Celui qui fut chargé de tous les préparatifs de la fête s'appelait Vatel, et il y avait tant travaillé qu'il n'avait pas dormi les douze nuits avant l'arrivée du roi.

Au premier repas le roi mangea bien son rôti, mais il n'y en eut pas assez pour tous les invités, et Vatel en fut très malheureux. Plus tard le ciel couvert empêcha les invités d'admirer le feu d'artifice, et pour comble de malheur Vatel crut que le poisson n'allait pas arriver.

A quatre heures du matin il monta donc dans sa chambre, et, croyant qu'il avait perdu son honneur, il se passa l'épée trois fois au travers du cœur. On le trouva mort juste avant l'arrivée du poisson de tous les ports de mer.

1. Comment savons-nous l'histoire de Vatel?
2. Pourquoi Vatel considérait-il cette fête si importante?
3. Quel travail Vatel a-t-il dû faire?
4. A quel moment Vatel a-t-il commencé à se sentir malheureux?
5. Pourquoi le feu d'artifice n'a-t-il pas réussi?
6. Qu'est-ce qui a fini de désespérer Vatel?
7. Pourquoi Vatel n'a-t-il pas vu l'arrivée du poisson?

78 Vous rappelez-vous une histoire que je vous ai racontée au sujet de l'opéra *Fidelio* de Beethoven? Eh bien, en voici une autre.

Au cours de l'ouverture de cet opéra on entend sonner une trompette lointaine, et pour créer l'effet voulu le trompettiste se cache souvent dans le vestiaire. Un soir, on donnait un concert dans une grande ville anglaise, et l'orchestre devait interpréter cette ouverture; mais ce soir-là on avait décidé que le trompettiste sortirait du bâtiment, et que, tout en se tenant dans la rue, il jouerait de sa trompette devant la fenêtre ouverte de la salle. Malheureusement, juste au moment où il allait jouer, un agent de police arriva et lui défendit de jouer, parce que, disait-il, on donnait un concert à l'intérieur, et tout le monde serait furieux s'il jouait de sa trompette!

1. Quelle question l'auteur vous pose-t-il au début? (*Commencez*: Il me demande si ...)
2. Comment le trompettiste donnait-il en général l'impression d'être très éloigné?
3. Que fait un trompettiste?
4. Dans quel pays cet incident a-t-il eu lieu?
5. Pourquoi n'a-t-il pas pu jouer de sa trompette ce soir-là?
6. Quelles raisons l'agent de police lui a-t-il données de ne pas jouer? (*Donnez ses mots exacts*.)

79 Depuis l'achat de leur nouveau poste de télévision Monsieur et Madame Forrestier ne sortaient pas souvent le soir, mais pour fêter l'anniversaire de sa femme Monsieur Forrestier proposa une visite au cinéma.

—Mon collègue au bureau m'a dit qu'on donne un bon policier cette semaine, dit-il. Veux-tu y aller?

—Oui, bien sûr, dit Madame Forrestier. Les films policiers m'intéressent toujours.

En arrivant devant le cinéma ils furent surpris de voir une assez longue queue, mais, croyant que le film devait être très populaire, ils attendirent patiemment leur tour. Arrivés enfin devant le guichet, Monsieur Forrestier demanda deux places. L'employé le regarda d'un air curieux et dit:

—C'est bien «Strip-tease à New-York» que vous voulez voir, monsieur?

—Pensez-vous! répondit Monsieur Forrestier. Nous sommes venus voir le policier.

—Dans ce cas-là il faut refaire la queue devant l'autre guichet, dit l'homme. Ici nous avons deux écrans, et nous montrons toujours deux films différents.

Vexés, Monsieur et Madame Forrestier rentrèrent à la maison pour regarder la télévision.

1. Pourquoi Monsieur et Madame Forrestier n'allaient-ils pas souvent au cinéma?
2. Comment Monsieur Forrestier savait-il qu'on donnait un film policier au cinéma?
3. Qu'est-ce qu'ils ont fait en arrivant au cinéma?
4. Qu'est-ce que l'employé a demandé à Monsieur Forrestier? (*Commencez*: Il lui a demandé si . . .)
5. Pourquoi ne sont-ils pas entrés dans le cinéma?
6. Comment Monsieur et Madame Forrestier ont-ils passé le reste de la soirée?

80 A vrai dire je préfère le football au bricolage, mais pour plaire à ma chère femme qui ne cesse de me parler des merveilles accomplies par les voisins j'ai consenti un jour à convertir une vieille garde-robe en armoire à linge.

J'ai vite fait de découper de longs morceaux de bois pour en faire des planches, mais j'ai mis beaucoup plus longtemps à les mettre en place avec une colle très forte. Le travail fini, ma femme souriante a rangé tout son linge sur les planches, et puis nous sommes descendus nous reposer dans le salon.

Plus tard ce soir-là ma femme tricotait comme je regardais une partie de football à la télévision, quand un bruit épouvantable nous a fait croire que la maison s'effondrait sur nous. Hélas! ce n'était que les nouvelles planches qui, s'étant décollées, étaient tombées par terre avec fracas!

1. Comment la femme de l'auteur lui a-t-elle persuadé de faire une armoire à linge?
2. Pourquoi l'auteur n'avait-il pas vraiment envie de bricoler?
3. Comment a-t-il fait les planches?
4. Après avoir découpé les planches qu'est-ce qu'il en a fait?
5. Comment l'auteur et sa femme se sont-ils reposés ce soir-là?
6. Pourquoi les planches sont-elles tombées par terre?

81 Paul et Xavier habitaient deux petits villages avoisinants dans le Midi, mais ils allaient à Toulouse une fois par an pour une réunion d'anciens combattants.

Cette année-là ils s'étaient fort bien amusés, et Paul était même un peu ivre en sortant au bras de son ami.

—Tu devras conduire très prudemment, lui dit Xavier, en le conduisant jusqu'à sa voiture. Je te suivrai dans ma voiture pour être sûr que tout va bien.

Tout alla bien jusqu'à la sortie de la ville, quand Xavier perdit de vue la voiture de Paul.

—Mon Dieu, se dit-il. Il doit certainement dépasser les limites de vitesse.

Il ne fut donc pas étonné quand il vit quelques kilomètres plus loin la voiture de son ami arrêtée près d'une voiture de police.

S'étant arrêté aussi, il descendit juste à temps pour entendre les agents de police parler à Paul d'une amende pour excès de vitesse. Xavier fit de son mieux pour défendre son ami en disant qu'il l'avait suivi depuis Toulouse.

—S'il en est ainsi, répondit l'agent, vous aussi, vous avez dû dépasser les vitesses maxima, et vous payerez la même amende.

—Telle est la récompense de l'amitié! dit amèrement Xavier.

1. Pourquoi Paul s'appuyait-il au bras de Xavier?
2. Qu'est-ce que Xavier a fait pour aider Paul en sortant de la réunion?
3. Pourquoi Xavier s'est-il inquiété à la sortie de la ville?
4. Pour quelle raison Paul s'était-il arrêté?
5. Quelle serait la punition de Paul?
6. Pourquoi l'agent croyait-il que Xavier méritait la même punition que Paul?

82 Quand j'étais jeune on faisait chaque année un échange scolaire entre le lycée où j'étudiais et un lycée à Londres. Au mois de juillet les Français allaient en Angleterre, tandis qu'à Pâques on recevait la visite des jeunes Anglais.

Vers la fin du séjour des Anglais on leur offrait une réception à l'Hôtel de Ville. En général ce n'était pas un événement très passionnant, mis à part le champagne qu'on nous servait, parce qu'on devait écouter des discours peu intéressants.

Une fois, cependant, le professeur anglais, jeune homme de vingt-six ans environ, était en train de prononcer un discours qui n'était guère plus intéressant que ceux qui l'avaient précédé, quand soudain – il s'est évanoui! Il est tombé, ayant perdu connaissance, mais heureusement pour lui, Monsieur le Maire, homme très gros, a pu l'attraper, en l'empêchant de tomber par terre. Bien sûr, tous les élèves disaient qu'il avaient bu trop de champagne, mais je reconnais maintenant que c'était plutôt l'émotion d'avoir à prononcer son premier discours en français!

1. Que faisaient les jeunes Anglais à Pâques?
2. Comment savez-vous que l'auteur n'était pas professeur quand cet incident a eu lieu?
3. Selon l'auteur, quel était en général le meilleur aspect de ces réceptions?
4. Que savez-vous des discours qui avaient précédé celui de l'Anglais?
5. Qu'est-ce que le professeur anglais aurait fait si le maire n'avait pas été là?
6. Comment les élèves se sont-ils montrés peu charitables envers leur professeur?

83 Après avoir dîné dans un restaurant à Montmartre deux jeunes filles allaient remonter dans leur petite voiture garée au bord de la rue quand l'une d'elles remarqua qu'un des pneus était crevé.

—Sais-tu changer la roue? demanda-t-elle à son amie.

—Bien sûr, répondit celle-ci. Je vais aller chercher les outils dans le coffre.

—Jeanne, Jeanne! cria-t-elle quelques instants plus tard. Le cric a disparu!

Les filles se regardaient consternées quand des garçons qui passaient près d'elles offrirent de les aider. Se plaçant à deux ou trois à chaque roue ils soulevèrent la voiture avec leurs mains, et l'un d'eux changea très vite la roue crevée.

Comme récompense les garçons demandèrent aux filles de les conduire au centre de Paris. Heureusement qu'aucun agent de police n'aperçut la voiture chargée de douze personnes roulant dans les grands boulevards à minuit et demi!

1. Pourquoi les jeunes filles avaient-elles laissé leur voiture dans la rue?
2. Pour quelle raison la fille a-t-elle cherché des outils?
3. Pourquoi les filles ont-elles eu besoin d'aide?
4. Qu'est-ce que les garçons ont fait juste avant de soulever la voiture?
5. Qu'est-ce que les garçons ont demandé comme récompense? (*Donnez leurs mots exacts.*)
6. Qu'est-ce qui montre que les jeunes filles avaient de la chance en roulant dans les grands boulevards?

84 Les jeunes mariés allaient faire leur voyage de noces en France et, le repas fini, ils dirent au revoir à tout le monde et partirent en voiture pour Southampton.

Les invités avaient gaiement décoré la voiture pour indiquer le nouvel état civil du couple, et Andrew et Brenda furent obligés de s'arrêter pour détacher une vieille paire de chaussures du pare-choc.

Une fois arrivés en France, ils trouvèrent un bon terrain de camping et se mirent à dresser leur tente. Des Français, attirés par la voiture, vinrent leur dire bonjour, et ayant appris que les Anglais venaient de se marier, ils apportèrent de petits gâteaux et une bonne bouteille de vin pour boire à leur santé.

Les plaisanteries des campeurs firent d'abord rougir un peu la mariée, mais elle finit par rire de bon cœur en déclarant qu'elle n'oublierait jamais le bon accueil des Français.

1. Qu'est-ce qu'on a fait juste avant le départ des mariés?
2. Comment les invités ont-ils décoré la voiture?
3. Quelles sont les deux premières choses que les mariés ont faites en arrivant en France?
4. Pourquoi les Français sont-ils venus dire bonjour?
5. Quelle a été la première réaction de Brenda aux plaisanteries des campeurs?
6. Pourquoi a-t-elle fini par rire?

85 —Pouvez-vous m'aider? dit la dame au standardiste. Je viens d'appeler une amie au numéro 22–26, et je ne comprends pas du tout la voix qui m'a répondu.

—Bien sûr, madame. Ne quittez pas, dit le standardiste, en composant le même numéro, mais lui non plus ne comprenait pas les paroles confuses qui venaient de l'autre bout du fil.

—Jeanne, dit-il à sa collègue au central téléphonique. Ecoutez cet homme, s'il vous plaît. Il doit être ivre.

Après avoir écouté un peu, Jeanne avoua qu'elle ne comprenait pas un seul mot, et elle eut l'idée que l'homme parlait peut-être une langue étrangère. Ils firent venir un standardiste qui savait parler anglais et espagnol, et un autre qui savait parler russe et allemand, mais tous les deux déclarèrent que celui qui avait répondu à l'appel ne parlait pas une langue européenne.

Les standardistes dirent donc à la dame qu'ils ne comprenaient pas du tout ce qui se passait chez son amie. Le lendemain matin ils rirent beaucoup quand elle les rappela pour expliquer le mystère. La voix mystérieuse n'était autre que celle d'un bébé de dix-huit mois, passionné du téléphone!

1. Pourquoi la dame avait-elle demandé de l'aide au standardiste?
2. Qu'est-ce que la dame devait faire pendant que le standardiste appelait le numéro 22–26?
3. Que croyait le premier standardiste après avoir entendu la voix?
4. Comment d'autres standardistes ont-ils essayé de parler à la voix mystérieuse?
5. Comment les standardistes ont-ils appris la vérité?
6. Pourquoi le bébé avait-il répondu au téléphone?

—Mais grand-père, ce n'est pas possible que tu quittes la ferme! dit Francis, qui venait depuis des années passer des vacances joyeuses à la ferme de ses grands-parents dans le Massif Central.

—Mais si, répondit le vieux fermier en regardant tristement son petit-fils. Un gros exploitant achètera la ferme qui est trop petite pour l'agriculture moderne. Le bon vieux temps a disparu. Le village se dépeuple et les jeunes gens vont travailler à la ville. En octobre j'aurai soixante-cinq ans, et moi je prendrai donc ma retraite à Clermont Ferrand.

—Oh grand-père, dit Francis, des larmes dans les yeux. Je n'irai donc plus aux champs, et je ne t'aiderai plus à rentrer les vaches pour la traite du soir?

—Mais non, mon petit-fils, répondit le grand-père. Cette vie-là va bientôt finir pour nous.

1. Que faisait Francis chez ses grands-parents?
2. Qu'est-ce que les grands-parents de Francis allaient faire de leur ferme?
3. Comment savez-vous que le grand-père ne voulait pas faire ceci?
4. Pourquoi le grand-père prendrait-il sa retraite cette année-là?
5. Pourquoi les jeunes gens quittaient-ils le village?
6. Qu'est-ce que Francis aimait faire à la ferme?

87 Cette année-là mon mari, ma fille et moi allions rentrer en Angleterre après de belles vacances en Italie, quand l'idée m'est venue de faire un détour à la Côte d'Azur pour visiter les célèbres parfumeries de Grasse. Il est vrai que l'idée de faire quatre cents kilomètres de plus ne plaisait pas à mon mari, mais ma fille en était enchantée.

Nous sommes donc arrivés à la parfumerie de Fragonard où l'on fabrique l'exquis parfum «Joy». On nous a dit d'attendre dix minutes avant l'arrivée du guide qui accompagnerait notre groupe. Nous nous sommes assis sur un mur pour regarder l'arrivée des cars qui amenaient les autres touristes. Nous avons remarqué que deux ou trois des cars portaient le nom de la grande compagnie internationale pour laquelle travaillait notre fils, et puis à notre grand étonnement Peter est descendu du dernier car. Il n'en est pas revenu de sa surprise quand il nous a vus.

Il nous a expliqué que la Compagnie avait voulu récompenser le bon travail de quelques employés en les envoyant en vacances à Cannes, et ce jour-là ils étaient venus visiter la parfumerie comme nous. Pour fêter cette coïncidence extraordinaire Peter a acheté un flacon de parfum pour moi et pour sa sœur.

1. De quelle nationalité est l'auteur de cette histoire, pensez-vous?
2. Pourquoi son mari ne voulait-il pas aller à Grasse?
3. Pour quelle raison ne pouvaient-ils pas visiter la parfumerie tout de suite?
4. Comment ont-ils passé le temps avant l'arrivée du guide?
5. Quelle a été la réaction de ses parents et de sa sœur en voyant Peter?
6. Qu'est-ce que Peter avait fait pour mériter des vacances à Cannes?
7. Pourquoi la mère et la sœur de Peter ont-elles dû être contentes après la visite de la parfumerie?

Paris, le dix avril

Cher Jean-Paul,
                Excuse-moi de ne pas t'avoir écrit depuis le mois dernier. Je pourrais bien te dire que c'est parce que j'ai été trop occupé, mais ce ne serait pas vrai, car c'est simplement parce que, comme d'habitude, j'ai été trop paresseux!

De toute façon je me porte très bien, ainsi que ma femme et les enfants – sauf le tout-petit, qui fait ses dents et qui en souffre beaucoup.

Nous voulons savoir s'il te serait possible de venir chez nous passer un weekend vers la fin du mois. Ça fait déjà six mois qu'on ne s'est pas vus, et les enfants seraient ravis de te revoir – nous aussi d'ailleurs.

Ecris-moi bien vite pour me dire si tu viendras, n'est-ce pas?
                Bien à toi,
                Michel.

1. Qu'est-ce que Michel demande à Jean-Paul de faire au début de sa lettre? (*Ne donnez pas ses mots exacts.*)
2. Quelle avait été la vraie raison de son silence?
3. Pourquoi le bébé souffrait-il?
4. Quelle invitation Michel fait-il à Jean-Paul?
5. En quel mois se sont-ils vus la dernière fois?
6. Quelle sera la réaction des enfants quands ils reverront Jean-Paul?
7. En finissant la lettre, quelle demande Michel fait-il à Jean-Paul?

89 Quand ma mère apprit dans une lettre de mon frère qu'il allait passer ses vacances d'hiver à skier dans les Alpes, elle sortit tout de suite des aiguilles et de la laine pour lui tricoter un chandail à col roulé.

—Il aura besoin de ça s'il fait très froid en montagne, dit-elle.

Après avoir passé trois soirées à tricoter un très long col que l'on pourrait rouler plusieurs fois, elle étala le chandail sur ses genoux et attendit nos félicitations. Au lieu de cela elle n'entendit que nos rires. Elle regarda encore le chandail et vit ce qu'elle avait fait. Elle avait tricoté le col là où elle aurait dû mettre une des manches!

—Cela t'apprendra à ne pas regarder la télévision pendant que tu tricotes! ai-je dit.

1. Comment mon frère a-t-il informé ma mère de ses projets de vacances?
2. Pourquoi ma mère voulait-elle tricoter ce chandail?
3. Qu'est-ce qu'elle a fait avant de commencer à tricoter?
4. Qu'est-ce que les membres de la famille ont fait au lieu de féliciter ma mère?
5. Pourquoi ma mère s'était-elle trompée en tricotant le chandail?
6. Qu'est-ce que je lui ai dit? (*Commencez*: Vous lui avez dit que . . .)

90 Vous avez peut-être entendu parler du célèbre écrivain Voltaire. Lisez donc son merveilleux conte *Candide*, où il attaque la philosophie optimiste d'un Allemand qui s'appelait Leibnitz.

Candide est un jeune homme très doux qui apprend de son professeur Pangloss que tout est pour le mieux dans le meilleur des mondes possibles. Après avoir bien appris cette leçon Candide subit tous les malheurs imaginables. Il est chassé de chez lui, il fait naufrage, et arrive au Portugal où il y a un grand tremblement de terre. Innocent, il est arrêté et battu, mais il s'enfuit en Amérique, où il perd la jeune femme qu'il aime, Mademoiselle Cunégonde. Il la retrouve plus tard, devenue laide à la suite de sa vie d'esclave, et il finit par s'établir avec elle et des amis dans une maison où ils s'ennuient beaucoup jusqu'au jour où on leur apprend qu'il faut «cultiver son jardin»: c'est-à-dire «se consacrer au travail qu'on doit faire».

1. Qu'est-ce que l'auteur vous conseille de faire?
2. Quel était le pays natal de Leibnitz?
3. Pourquoi Candide croit-il d'abord que tout va bien dans le monde?
4. Qu'est-ce qu'on fait à Candide au Portugal?
5. Pourquoi Mademoiselle Cunégonde devient-elle laide?
6. Pourquoi Candide ne s'ennuie-t-il plus à la fin de l'histoire?

91 Danièle et Josiane, étudiantes à la Sorbonne, faisaient le tour de la France en descendant dans des Auberges de Jeunesse. Dans sa poche Danièle portait le petit livre qui donnait les adresses des Auberges.

Un soir elles arrivèrent tard dans une ville au centre de la France, après un assez long voyage en autocar. S'étant renseignées sur la rue où se trouvait l'Auberge elles y allèrent à pied. Après avoir monté et descendu cette rue trois fois sans trouver l'Auberge Josiane demanda à un passant où elle était.

—Mais mes pauvres enfants, dit le vieillard. Ça fait au moins trois mois qu'on a démoli cette Auberge de Jeunesse.

—Oh mon Dieu, s'écria Danièle. Nous sommes si fatiguées et nous n'avons pas beaucoup d'argent.

—Alors je vous conseille d'aller tout de suite au commissariat de police, dit le vieil homme. C'est tout près d'ici.

Les jeunes filles suivirent ce bon conseil, et c'est ainsi qu'une demi-heure plus tard un policier souriant les accompagnait à un petit hôtel tranquille où elles passeraient la nuit dans une chambre payée par la police!

1. Pourquoi Danièle et Josiane avaient-elles besoin des adresses des Auberges de Jeunesse?
2. Pour quelle raison étaient-elles arrivées tard ce soir-là?
3. Pourquoi n'ont-elles pas trouvé l'Auberge de Jeunesse?
4. Pourquoi ne sont-elles pas allées tout de suite à l'hôtel?
5. Où se trouvait le commissariat?
6. Qu'est-ce que la police a fait pour les jeunes filles?

92 Madame Sonzini était assise derrière le comptoir de sa petite épicerie de village quand elle aperçut trois souris qui la regardaient du haut d'un des rayons. Malgré ses cris aigus les souris ne partirent pas. Ainsi la brave dame sortit en courant du magasin et demanda à son voisin Monsieur Colbert, qui peignait sa maison, de venir l'aider à se débarrasser des souris.

Monsieur Colbert entra dans l'épicerie prêt à jeter son pinceau aux souris quand elles descendraient du rayon, mais les trois bêtes étaient toujours là, tremblant de peur parmi les boîtes de bonbons. En s'approchant d'elles Monsieur Colbert se demandait pourquoi elles ne disparaissaient pas dans leur trou, mais en arrivant près d'elles il vit que les pauvres souris étaient prises dans une boîte de caramel au beurre, et tout incapables de bouger!

1. Qui était Madame Sonzini?
2. Quelle a été sa première réaction en voyant les souris?
3. Qu'est-ce que Madame Sonzini a demandé à Monsieur Colbert? (*Donnez ses mots exacts.*)
4. Qu'est-ce que Monsieur Colbert aurait fait si les souris étaient descendues du rayon?
5. Comment savez-vous que les souris avaient peur?
6. Comment Monsieur Colbert a-t-il appris pourquoi les souris n'avaient pas quitté le rayon?

93 Quand mon père était jeune il avait un ami qui était philatéliste – il avait la passion des timbres. Un jour son ami lui donna une enveloppe qui contenait un timbre très rare, et donc d'une très grande valeur, en lui disant:

— Veux-tu garder ceci jusqu'à demain, s'il te plaît? Moi, je vais au grand match de football, et j'ai peur de perdre ce timbre.

Mon père accepta, non sans une certaine inquiétude, et en arrivant à la maison il mit l'enveloppe sur la table, sans rien dire à sa femme; puis il sortit faire du jardinage. Quand il rentra il demanda à ma mère si elle avait vu l'enveloppe qu'il avait mise sur la table.

— Mais oui, dit-elle. Je m'en suis servi pour écrire à ma sœur Estelle.

Mon père fut stupéfait, car Estelle habitait en Australie. Il courut à toutes jambes au bureau de poste et réussit à récupérer l'enveloppe – et le timbre! – avant qu'elle entreprît ce long voyage. D'ailleurs jusqu'à aujourd'hui son ami n'a jamais appris qu'il avait été sur le point de perdre son timbre rarissime!

1. Qu'est-ce que son ami a demandé à mon père? (*Commencez*: Il lui a demandé s'il . . .)
2. Pourquoi l'ami ne voulait-il pas garder lui-même le timbre?
3. Quelles sont les deux premières choses que mon père a faites en arrivant chez lui?
4. Qu'est-ce que ma mère avait fait de l'enveloppe?
5. Comment mon père a-t-il récupéré le timbre?

94 La receveuse compta les voyageurs qui se tenaient debout dans l'autobus et annonça qu'il y en avait trop. Le dernier à monter devait redescendre tout de suite. Personne ne bougea, et la receveuse fit appel au conducteur.

Pendant qu'elle lui parlait, un petit homme à l'air doux monta dans l'autobus. Puis le conducteur se tourna vers les voyageurs et leur dit d'un ton sévère:

—Celui qui est monté le dernier doit descendre de l'autobus.

Le petit homme étant descendu les voyageurs éclatèrent de rire, ce qui finit d'énerver la receveuse, qui fondit en larmes. Le conducteur lui dit de changer de place avec la receveuse d'un autre autobus qui s'était arrêté au même arrêt. La nouvelle receveuse arriva, et le conducteur reprit sa place. On allait enfin repartir. Mais non! La receveuse aperçut le petit homme qui attendait patiemment sur le trottoir, et elle lui dit:

—Si vous voulez prendre cet autobus, montez vite.

L'homme lui obéit, mais ni lui ni la receveuse ne comprenait pourquoi les autres voyageurs riaient de bon cœur.

1. Comment la receveuse savait-elle qu'il y avait trop de voyageurs dans l'autobus?
2. Pourquoi a-t-elle parlé au conducteur?
3. Qu'est-ce qui est arrivé pendant leur conversation?
4. Que faisait la receveuse quand le conducteur lui a dit de quitter l'autobus?
5. Qu'est-ce que la nouvelle receveuse a dit au petit homme de faire? (*Ne donnez pas ses mots exacts.*)
6. Qu'est-ce que la nouvelle receveuse ne savait pas?

95 Jean-Claude était bon élève, et s'il avait bien travaillé en classe il aurait eu des notes au-dessus de la moyenne, mais la vie au collège ne lui plaisait pas, et il attendait avec impatience le jour où, à l'âge de seize ans, il pourrait le quitter. Ses parents l'encouragèrent à travailler en lui demandant quelle carrière il pourrait suivre sans diplômes, mais Jean-Claude ne les écouta pas, et refusa de penser à l'avenir.

Après avoir quitté le collège il trouva un emploi dans une usine où l'on fabriquait du nylon. Il devait passer la journée à surveiller des machines où une centaine de fils de nylon pouvaient se casser. Les machines faisaient tant de bruit qu'il était impossible de parler. D'abord Jean-Claude songea à ce qu'il ferait pendant le weekend avec l'argent qu'il aurait gagné, mais bientôt il s'ennuya et le temps lui semblait long. En rentrant le soir il était si fatigué qu'il n'avait plus envie de sortir.

Au bout d'un mois le garçon demanda à ses parents s'il pouvait retourner au collège parce qu'il n'en pouvait plus à l'usine. Son père le gronda tout en lui promettant de le laisser reprendre ses études pourvu qu'il travaille bien.

1. Pourquoi Jean-Claude n'avait-il pas de bonnes notes au collège?
2. Qu'est-ce qu'il a fait à l'âge de seize ans?
3. Pourquoi ses parents l'ont-ils encouragé à travailler?
4. Quel travail a-t-il fait à l'usine?
5. Que pensait Jean-Claude de ce travail?
6. Comment a-t-il passé la soirée après le travail?
7. Qu'est-ce qu'il a demandé à ses parents? (*Donnez ses mots exacts.*)
8. Comment savez-vous que le père de Jean-Claude n'était pas content?

96 En novembre 1939 Antoinette allait se marier, et son oncle, qui était chef de cuisine, avait déjà fait le gâteau de mariage. Malheureusement, quelques jours avant le mariage son fiancé fut appelé sous les armes, et on dut remettre la cérémonie à trois mois plus tard.

En décembre les parents d'Antoinette voulaient célébrer leurs noces d'argent, mais comme les ingrédients manquaient pour faire un gâteau, l'oncle eut l'idée de changer les décorations sur le gâteau de mariage, et de le leur prêter pour la fête. On s'y amusa bien, et Antoinette fit la connaissance d'un jeune homme, le fils d'un invité de son père. Ce soir-là justement il lui demanda sa main, et elle consentit à l'épouser. Le lendemain elle écrivit à son premier fiancé pour lui annoncer la nouvelle, et elle dit à ses parents qu'elle allait se marier dans huit jours. Son oncle bienveillant remit les premières décorations sur le gâteau, et tous les invités aux noces le trouvèrent délicieux, sans savoir que le chef l'avait destiné à un autre mari!

1. Pourquoi le fiancé d'Antoinette est-il parti en novembre 1939?
2. A quelle date environ le mariage d'Antoinette avec son premier fiancé avait-il été remis?
3. Comment l'oncle a-t-il pu fournir un gâteau pour les noces d'argent?
4. Pourquoi Antoinette n'a-t-elle pas attendu le retour de son fiancé de la guerre?
5. Comment était le gâteau?

97 La population de la ville de province ayant doublé pendant les dernières années, la gendarmerie était devenue trop petite, et on décida donc de faire construire de nouveaux bureaux et de réparer les vieilles pièces.

Les travaux durèrent plusieurs mois, et les gendarmes s'habituèrent à la presence de tant d'ouvriers – des maçons, des plâtriers et des peintres. Quand tout fut enfin fini le capitaine de gendarmerie regarda fièrement le beau bâtiment, et constata qu'il faudrait trouver le meilleur peintre d'enseignes pour peindre «Gendarmerie» en lettres dorées au-dessus de la porte. On ne regarda pas à la dépense pour faire venir de Paris le meilleur peintre d'enseignes de la capitale.

Après plusieurs journées de travail les belles lettres dorées apparurent sur le bâtiment, et le capitaine et ses hommes sortirent pour les admirer.

—Quel beau travail! dirent-ils.

—Mais, mon capitaine, regardez les lettres! dit un des gendarmes.

En regardant encore une fois le capitaine lut lentement: «Gendamerie».

—Oh, quel peintre stupide! s'écria-t-il.

1. Pourquoi la gendarmerie était-elle trop petite?
2. Pourquoi les ouvriers sont-ils devenus familiers aux gendarmes?
3. Quelle a été l'attitude du capitaine envers le nouveau bâtiment?
4. Qu'est-ce qu'il a fallu faire pour faire venir le peintre d'enseignes?
5. Quel conseil le gendarme a-t-il donné à son capitaine?
6. Pourquoi le peintre était-il stupide?

98 Tous les ouvriers de l'Usine Binant à Reims s'étant rassemblés dans le parking devant l'usine, Pierre Lebrun se mit à leur parler:

—Mes amis, quelques-uns d'entre vous savent déjà pourquoi on est ici. Quant aux autres, c'est une triste nouvelle que j'ai à vous annoncer. Jean Legalland est mort hier, à la suite d'un accident ici, dans cette usine. Il a une femme, il a quatre petits enfants, et la direction refuse d'accepter la reponsabilité de sa mort. Et pourtant c'est un accident tel que j'ai eu moi-même il y a deux ans; c'est un accident tout comme celui de Jacques Lefèvre l'année dernière; et toi aussi, Jean-Paul, tu as eu la même expérience. La seule différence, c'est que cette fois les conséquences sont plus graves, notre camarade ayant perdu la vie. On avait bien prévenu la direction de ce danger, mais ils ont toujours refusé d'installer des machines neuves, qui seraient plus sûres.

Eh bien, mes amis, vous savez bien que quand on parlait l'année dernière de faire la grève afin d'avoir plus d'argent, c'est moi qui ai été le premier à dire «non». Mais cette fois, c'est différent: la vie vaut plus que l'argent. Faisons donc la grève!

1. Avant le discours de Pierre Lebrun, qu'est-ce que les ouvriers avaient fait?
2. Quelle nouvelle Pierre Lebrun leur annonçait-il?
3. De quoi se plaignait-il?
4. Combien d'accidents semblables y avait-il eu?
5. En quelles circonstances Pierre Lebrun a-t-il refusé de faire la grève?
6. Selon Pierre Lebrun pourquoi était-ce différent cette fois?

99 Morte en 1963 à l'âge de 48 ans, Edith Piaf dit pourtant à la fin de sa vie qu'elle ne regrettait rien et qu'elle avait vécu deux fois. Cette petite femme mince, vêtue d'une simple robe noire, qui chantait d'une voix forte et émouvante des chansons pleines de passion, eut une vie extraordinaire.

Pauvre et abandonnée par sa mère, Edith commença sa carrière en chantant dans les rues de Paris avec sa sœur. Les jours où elles ne gagnaient rien elles ne mangeaient pas, et la vie était bien dure. Plus tard Edith chanta dans des cabarets, et elle devint riche et célèbre. Mais des accidents de voiture et la maladie la firent tellement souffrir qu'elle ne résista pas à la drogue et à la boisson.

Après l'échec de son premier mariage Edith fut désespérée par la mort de l'homme qu'elle aimait, mais une année avant sa propre mort elle retrouva le bonheur en épousant un jeune chanteur grec.

1. Qu'est-ce qu'Edith a dit à la fin de sa vie? (*Donnez ses mots exacts.*)
2. Pourquoi Edith n'a-t-elle pas eu une enfance heureuse?
3. Pourquoi Edith et sa sœur ont-elles eu souvent faim?
4. Comment Edith est-elle devenue riche?
5. Qu'est-ce qu'Edith a fait pour essayer d'oublier ses souffrances physiques?
6. Combien de fois Edith s'est-elle mariée?

100 La vie de Louis Hector Berlioz, le grand compositeur romantique du dix-neuvième siècle, était remplie d'aventures sentimentales.

Jeune étudiant à Paris, il tomba amoureux d'une belle actrice irlandaise, Harriet Smithson. Bien qu'il ne lui eût jamais parlé, il lui envoya beaucoup de lettres amoureuses, auxquelles elle ne répondit pas. Déçu, Berlioz se fiança avec une jeune pianiste avant de partir pour Rome, où il allait étudier la composition. Peu après, ayant appris que sa fiancée ne voulait plus l'épouser, il prit des pistolets, des balles, et des fioles de poison, et repartit pour Paris, résolu à tuer sa fiancée avant de se suicider. Heureusement qu'il changea d'avis à Nice et retourna à Rome.

Ses études terminées, Berlioz rentra travailler à Paris. Apprenant que Harriet Smithson n'était pas encore mariée, il la demanda en mariage. Pour l'encourager à dire oui il avala du poison, mais dès que la jeune femme affollée eut promis de l'épouser il prit vite un contre-poison.

Son mariage ne fut pas vraiment heureux, et après la mort de Harriet il se maria avec une femme d'humeur sarcastique, qui mourut quelques années plus tard. Vers la fin de sa vie Berlioz alla voir une veuve qu'il avait connue quand elle était petite dans son village natal, mais elle refusa de l'épouser. Le grand compositeur passa donc ses derniers jours à errer seul et triste dans les rues de Paris.

1. Quel était le métier de Berlioz?
2. Pourquoi Harriet Smithson n'a-t-elle pas répondu aux lettres de Berlioz?
3. Qu'est-ce que Berlioz a fait à Rome?
4. Comment voulait-il se venger de la jeune pianiste?
5. Quand il a changé d'avis, qu'est-ce qu'il a fait?
6. Pourquoi Harriet a-t-elle consenti à épouser Berlioz?
7. Pourquoi son dernier mariage n'a-t-il pas duré longtemps?
8. Pourquoi Berlioz était-il malheureux à la fin de sa vie?